2022年湖南省“十四五”教育科学安全教育研究培育基地重点资助项目（XJK22ZDJD55）
2021年湖南警察学院高层次人才科研启动专项基金项目（2021KYQD11）
湖南警察学院科研平台建设成果

反暴力：中小学校园安全教育与建设专题研究

陈永辉　曾　婕　著

CPPSUP 中国人民公安大学出版社
全国百佳图书出版单位

图书在版编目（CIP）数据

反暴力：中小学校园安全教育与建设专题研究 / 陈永辉，曾婕著. -- 北京：中国人民公安大学出版社，2025. 5. -- ISBN 978-7-5653-4798-6

Ⅰ. G633. 202

中国国家版本馆 CIP 数据核字第 20252E9V10 号

反暴力：中小学校园安全教育与建设专题研究

陈永辉　曾　婕　著

责任编辑：韩　阳
责任印制：王晓博

出版发行：中国人民公安大学出版社
地　　址：北京市西城区木樨地南里
邮政编码：100038
经　　销：新华书店
印　　刷：北京市泰锐印刷有限责任公司

版　　次：2025 年 5 月第 1 版
印　　次：2025 年 5 月第 1 次
印　　张：14
开　　本：787 毫米×1092 毫米　1/16
字　　数：236 千字

书　　号：ISBN 978-7-5653-4798-6
定　　价：60. 00 元

网　　址：www.cppsup.com.cn　www.porclub.com.cn
电子邮箱：zbs@ cppsup.com　zbs@ cppsu.edu.cn

营销中心电话：010-83903991
读者服务部电话（门市）：010-83903257
警官读者俱乐部电话（网购、邮购）：010-83901775
教材分社电话：010-83903084

前　言

校园文明创建活动是落实基层基础安全建设的重要环节。学生是未来国家建设的主人，美丽安全的校园文明环境是培养德智体美劳全面发展的青少年健康成长的重要条件。2015 年教育部、中央文明办《关于深入开展文明校园创建活动的实施意见》提出：“通过文明校园创建活动，健全工作机制，提高师生公民道德、职业道德、文明修养和民主法治观念，提高校园文化生活质量，使校园文化内容健康、格调高雅、丰富多彩，提高校园文明程度，使校园秩序良好、环境优美，育人环境进一步改善。”校园安全建设是校园文明创建活动的重要部分。保护学生生命安全，建设安全的校园环境是学校教育的重要任务。2021 年，公安部联合有关部门部署开展“护校安园”行动，严厉打击涉校犯罪，严密防范校园安全，全力提升校园安全防护水平。

校园文明创建活动是一个长期过程。近年来，校园安全事件时有发生，其中不乏校园欺凌、校园暴力，这些行为严重影响了学生的健康成长。对此，各地学校都反复强调安全教育，并采取了许多具体措施，收到了很好的成效。

本书是 2022 年湖南省“十四五”教育科学安全教育研究培育基地重点资助项目，是在大力加强校园安全教育背景下历时两年创作而成。全书共分为十一个专题。专题一主要是认识中小学校园暴力现象；专题二对校园暴力相关防治政策进行了解读；专题三提出构建校园暴力防范意识，阐述了校园暴力防范意识的构成要素和培育手段；专题四针对社会极端暴力，对中小学生应具备的防卫能力体系和提升路径进行了分析；专题五着重阐述了校园暴力行为防治教育存在的问题和建设深化路径；专题六重点强调了中国传统武术教育对校园暴力治理的价值和作用；专题七对“校园暴力与防卫”新质课程的开发与建设提出了具体建设路径；专题八着重强调校警联动教育模式，充分发挥公安机关优势和资源；专题九延续校警联动教育模式，主要突出公安院校公安教育力量；专题十主要是科普内容，旨在为师生科普安全防范常识与教育理念；专题十一是科普安全防范技能，重在技术运用。全书既强调安全教育理论研究，又凸显安全防范技术运用，力求做到理论与实践相结合。尤其是创新性地提出将体育教育和警营文化融入校园安全教育，较为详细地论证阐述了二者对开展校园欺凌和暴力行为防治教育的意义和价值所在，以期为各地中小学结合自身实际开展防治教育提供参考性建议。

本书虽然阐述了笔者的一些学术观点，但从理论层面上讲，学术研究深度还不够，所述观点及论证较为浅显，期待今后继续深入研究。另外，本书专题十、专题十一均为科普性内容，这些内容旨在为师生提供一些安全防范常识与技术。本书的出版得到了湖南警察学院科研处、警务指挥与战术系领导和部分老师的大力支持，在此深表谢意！本书部分图片制作得到了湖南警察学院警务指挥与战术系周鑫、商珊、吴静凯，以及信技系隋卫星、李丁龙等同志的大力支持，在此一并表示感谢！

由于作者水平有限，书中难免有不妥之处，敬请各位专家学者以及广大中小学师生朋友批评指正。

陈永辉　曾婕

2024 年 8 月

目　录

专题一　中小学校园暴力现象的认识

校园暴力是近年来社会学者研究比较关注的一个社会问题。对于校园暴力的定义，国际上没有一个确切的界定。[①] 美国学者 Henry 提出：校园暴力不单指躯体暴力，还应涵盖由于被强行操控而造成的情绪以及心理上的痛苦和人际关系伤害。[②] Olweus 认为，学生之间反复或长期的消极攻击行为也应视为暴力行为。[③] 国内学者庞雪峰认为，校园暴力指“发生在学校范围内并能导致他人身体与心理受到损害的行为总称，可体现为殴打、掠夺或精神歧视等形式”[④]。徐久生认为，校园暴力行为指的是行为主体实施伤害在校学生和老师身体与心理健康的非理性暴力行为，以及社会人员对学校师生实施的暴力。[⑤] 段水莲等认为，校园暴力指发生在校园及校园周边区域的，由学生、老师或校外人员以物体、口头或躯体等任何部位所发出，对受害者躯体、心理或财产等权利造成重大伤害的故意攻击性行为。[⑥] 这些定义都有其科学性，都认定校园暴力不论是什么形式，都会造成人身伤害的后果。基于本课题研究需要，从反对暴力的角度去研究如何开展中小学生安全教育，因此本研究把校园暴力发生的区域界定为校园内以及校园附近（上学放学途中）；发生的主体界定为学生之间；发生的行为界定为对人身心造成伤害，以及对财物造成损害的身体行为（涵盖肢体语言、网络语言、肢体攻击、器物攻击等）。所以，本研究提出的校园暴力，是指在校园内及校园附近发生的学生之间的暴力行为，通常是一方蓄意或者恶意通过语言、肢体、器物等手段侮辱、欺压、伤害另一方，而对

---

① 吴桂翎，辛涛．校园暴力研究的回顾与前瞻［J］．中国特殊教育，2009（6）：75-79.

② 张大均．教育心理学［M］．北京：人民教育出版社，2003.

③ 张旺．美国校园暴力：现状、成因及对策［J］．青年研究，2002（11）：44-49.

④ 庞雪峰．当前我国中学生校园暴力及预防对策研究［J］．华东师范大学学报，2016（8）：63.

⑤ 徐久生．校园暴力研究［M］．北京：中国方正出版社，2004：232.

⑥ 段水莲，唐思敏．基于旁观者视角的初中生校园暴力防治研究——以湖南省怀化市某初中为例［J］．青少年学刊，2020（5）：43-49.

另一方造成身心伤害和财物损害的违纪或违法行为，亦涵盖部分校园欺凌行为（对身心有明显伤害或财物有明显损毁的故意行为）。

近年来校园暴力行为时有发生，对学生健康成长产生了很不好的影响。从“2018年最高人民法院发布的《校园暴力司法大数据》中发现，2015-2017年间我国发生的校园暴力案件多达3000余件，每年平均有100起校园暴力致死案件”①。而“中国人民大学调查与数据中心有关中国教育的调查统计中发现有49.6%的中学生遭受过语言形式的校园暴力，有19.1%的初中生在校园里遭受过身体暴力”②。另有学者调查，小学生实施校园暴力行为的发生率为72.51%③，14.9%的中小学生认为自己是校园暴力的受害者④。也有学者对某中学实地调查发现，67.1%的学生目睹过校园暴力现象，其中47.1%的学生看到过一两次，13.6%的学生目睹校园暴力的频率为一月两三次，一周看到两三次校园暴力的初中生占6.4%。由此可见，校园暴力并非偶然事件，尤其在初中校园里普遍存在。校园暴力已成为一种令人担忧的社会问题。

一、中小学校园暴力行为的类型与表现

中小学校园暴力，是指在中小学校园内或周边发生的学生之间的，由施暴者蓄意或者恶意通过肢体、语言及网络等手段实施欺压、侮辱，造成受害者人身伤害、财产损失或者精神损害的暴力行为。从表现形式来看，大多具有以下特征：（1）以大欺小。校园内高年级学生欺负低年级学生，年龄大的学生欺负年龄小的学生。（2）以强欺弱。身体能力强的学生欺负身体能力弱的学生，性格外向、强势的学生欺负性格内向、胆小的学生。（3）以多欺少。“志同道合”的学生小群体，或者依附某一组织者的学生小群体欺压个性孤僻的或喜欢独来独往的学生。（4）以恶欺善。暴力者不分是非，用暴力欺负善良的学生，以博取自身的某些需要。从行为具体表现手段来看，施暴学生的暴力手段一般表现在：用粗言秽语谩骂、诋毁同

---

① 卢一笑．校园里的“平庸之恶”——对校园暴力的反思［A］．2021年基础教育发展研究高峰论坛论文集［C］．2021：289-291．

② 卢一笑．校园里的“平庸之恶”——对校园暴力的反思［A］．2021年基础教育发展研究高峰论坛论文集［C］．2021：289-291．

③ 张容，孙群露，林爱华．小学生校园暴力现状及其影响因素分析［J］．华南预防医学，2014（2）：132-136．

④ 姜辰颖．校园暴力现象现状分析［J］．社会心理科学，2016，31（9）：49-51．

学，实地调查某初中发现此类行为占到55.7%；使用拳打脚踢、掌掴拍打、推撞绊倒、拉扯头发或器物捶打、烧烫伤害等攻击形式对受害学生进行反复的肢体攻击，此类行为占到42.9%；破坏受害学生的书本文具、衣物饰品，损坏或利用财产侵害行为，嘲弄受害学生，恐吓、威迫受害学生做违背本人意愿的事，敲诈、强索金钱或物品，这些行为占到41.5%；分派系拉团伙，利用小团伙孤立、排挤、戏弄受害学生，在网络上发表具有人身攻击的言论、隐私或侮辱性图片，这些行为共占到30%。[①] 在校园暴力实施中，受害学生和旁观学生大多不敢发声、不敢防卫和反抗，更多的是屈服、隐忍、退缩、害怕。学生的这些行为表现除了反映施暴学生的文明素质、法律知识、纪律观念等缺失外，也反映了受害学生和旁观学生在强身、防范、自卫、互助、团结等方面的斗争思维、胆识和精神明显缺乏。

二、中小学校园暴力行为的“平庸之恶”本质

校园暴力虽是恶劣行为，但是他们的行为往往又体现的是学生更多的无知，即“平庸之恶”的本质表现。[②] 所谓“平庸之恶”概念，“是由著名政治思想家汉娜·阿伦特提出的，意思是对于显而易见的恶行却不加以限制、制止，更或是直接参与到其中。杰罗姆科恩也在《责任与判断》阐述过：平庸之恶并不是一种理论、教条，而是表示一个不思考的人作恶的实际特征，这样的人从来不会思索他在干什么，会带来什么后果。意思就是说已经失去了判别善恶是非的能力，所做的行为是无思想的行为”[③]。

校园暴力主体一般可以分为“无畏的霸凌者、不敢反抗的受暴力者、知情的沉默者、反抗的受欺者”[④]。暴力者可以是个人，也可以是一个小群体。受暴力者往往是一个人，而知情者、旁观者往往是很多人。从主观思想上看，暴力者包括有主观恶意的组织者、有被迫加入的胁从者、有寻求

---

① 段水莲，唐思敏．基于旁观者视角的初中生校园暴力防治研究——以湖南省怀化市某初中为例［J］．青少年学刊，2020（5）：43-49.

② 卢一笑．校园里的“平庸之恶”——对校园暴力的反思［A］．2021年基础教育发展研究高峰论坛论文集［C］．2021：289-291.

③ 卢一笑．校园里的“平庸之恶”——对校园暴力的反思［A］．2021年基础教育发展研究高峰论坛论文集［C］．2021：289-291.

④ 卢一笑．校园里的“平庸之恶”——对校园暴力的反思［A］．2021年基础教育发展研究高峰论坛论文集［C］．2021：289-291.

归属的跟随者、有佯装作势的依附者。这些暴力者的行为，除了组织者是主观上“没有自觉意识到自己的行为是错误的，是不自觉发起的恶行者”①，其他参与者大多是“没有分清是非对错，或明知是错的情况下依然加入”②，这些行为都是在主观上没有认识到自身错误，或是认识不够，是属于认知上的“平庸之恶”表现，他们对自己的这种恶的行为是不思考的，不思考人、不思考社会、不思考危害和后果。另外，校园暴力中的受暴力者，大多数怕再次受到暴力，更多的是忍辱屈服，不敢反抗；而一些知情的旁观者，由于怕被报复，大多不敢发声，保持沉默或假装不知，这些行为同样是错误认知的“平庸之恶”的表现。也正是因为他们的这些错误认知存在，导致施暴学生不受约束，更加肆无忌惮。造成这些“平庸之恶”的原因，从心理认知角度来看，都与相关学生的心理问题息息相关。

对于暴力者来说，往往通过这种违法违纪行为来获得“尊重的需要”，以体现自己存在的价值。著名心理学家马斯洛把人的需要划分为五个层次，其中一个层次是“尊重的需要”，即一个人希望自己可以受到他人尊重和高度评价，以体现自身的价值所在。“尊重的需要”得到满足，会让自己感受到价值，进而增强自信心。如果一个人没有感受到重视或关爱，就很有可能失去信心，进而出现心理问题变得偏激极端，容易对他人造成伤害，以伤害他人来获取这种被“尊重的需要”感受。美国心理学家 J. Dollard 与 N. E. Miller 曾提出了挫折—攻击理论，③ 认为挫折是导致攻击性行为的原因，个体的动机无法实现，便会引起其对挫折源的攻击。L. Berkowitz 后来又进一步修正了挫折—攻击理论，认为挫折会导致愤怒，这只是攻击发生的情绪基础，而攻击性行为的真正发生有赖于外部攻击线索的刺激。④“对于青少年而言，不良的人际关系、糟糕的学业成绩以及来自外界的批评与压力等都可能会使他们有一种挫折感，产生矛盾，进而引发攻击性行为，导致校园暴力发生。”⑤ 所以，学生出现霸凌行为，反映了

① 卢一笑．校园里的“平庸之恶”——对校园暴力的反思［A］．2021 年基础教育发展研究高峰论坛论文集［C］．2021：289-291.

② 卢一笑．校园里的“平庸之恶”——对校园暴力的反思［A］．2021 年基础教育发展研究高峰论坛论文集［C］．2021：289-291.

③ DOLLARD J. Frustration and aggression［J］. American Journal of Sociology，1939，92（7）：1654-1667.

④ BERKOWITZ L. Some determinants of impulsive ag-gression：role of mediated associations with reinforce-ments for aggression［J］. Psychological Review，1974，81（2）：165.

⑤ 谢晴．校园暴力施暴者的心理机制及治理对策分析［J］．科教文汇，2022（20）：33-38.

学生在成长中的心理变化过程，即挫折—攻击—价值。如果不及时制止矫正，这种心理成长过程势必会影响学生健康的人生观和价值观塑造。

对于受暴力者来说，他们的忍让软弱行为同样是不健康的心理问题所致，因为他们往往认为自身的“屈服”行为会获取下次的安全，天真地认为暴力者下次会放过他们。马斯洛的需求层次理论提出人只有满足了生理和安全需求，才能从事高层次的学习工作，实现更高层次的价值。受暴力者在被暴力时，他们就是寄希望于通过屈服，以下级服从上级的心态来获取自身利益，这个利益就是保障自身的学习生活权益不受侵犯。这就是典型的不健康的妥协保全心理。

对于依附者、跟随者或旁观者来说，他们的行为体现了他们对从众心理的错误认知。从众心理的错误认知往往会带来不合理的跟从、服从、认同等想法。从众心理，是指个人知觉、认识、判断上受到他人行为的影响，进而表现出符合公众舆论或大多数人的行为表现。德国传播学家 Neumann 曾从群体心理角度提出了“沉默的螺旋”这一理论。认为：当个体在表达自己的态度与群体的观念发生相冲突时，会产生压力与恐惧。为了克服这种负面情绪，个体便会放弃自己的看法，甚至最后转变态度，与优势群体保持一致。① 校园暴力中，“施暴者通过指责、辱骂和殴打等行为展现了自己的态度：暴力行为是合理的。那些依附者、跟随者，往往因为所获信息有限，无法做出正确判断，从而选择了从众与服从，或者为了避免惩罚或获得奖赏而选择了与组织者优势态度一致，即跟从参与施暴。而旁观者和知情者虽然人数更多，但实际上在心理空间上被隔离为一个个单独的个体，再加上责任分散效应的存在，大多数人选择了沉默。随着这种沉默不断地螺旋式扩散，施暴者的态度渐渐占据了主导，形成不良的暴力氛围”②。大家都不作声，我也不作声，于是大家就越发坚定地认同了这样一个事实：默许校园暴力这一行为的不正当存在。而这样一个默许，更会助长施暴者的施暴行为。从心理学角度来看，当施暴者意识到有旁观者在场时，其兴奋水平往往会提高，从而更有兴致做出施暴行为。据有关学者调查发现，“有 29.6%的施暴者表示有旁观者在场时，自己的行为会‘变本加厉，展现自己的威风’。当旁观者置身事外甚至煽风点火时，其行为对暴力更会起到激励作用，导致其攻击性行为升级；当旁观者积极干预保护

① 谢晴．校园暴力施暴者的心理机制及治理对策分析［J］．科教文汇，2022（20）：33-38.

② 谢晴．校园暴力施暴者的心理机制及治理对策分析［J］．科教文汇，2022（20）：33-38.

受害者时，其行为会对暴力起到抑制甚至阻断作用”[①]。Hawkins 等人的调查也显示，在旁观者积极干预的情况下，57%的校园暴力行为能够得到有效的制止。[②] 所以，校园中一些学生对暴力行为的跟随、附和或者旁观，从从众心理来看，他们的跟从、沉默都是一种无知的表现，他们的最大问题就是缺乏独立思考，或者没有自己正确的、坚定的立场，而这也正是教育需要反思的。

三、中小学校园暴力行为的危害

一个单个的校园暴力行为虽然可能只会发生在某个学生身上，但是事件本身带来的影响却不只是对当事者的伤害，很有可能会波及学校，甚至社会层面上，因为学生是学校的有机组成部分，也是社会的有机组成部分，事件的发生会涉及很多方面，诸如法律、教育、心理等。因此，我们要从多个方面来看待它的危害。

对施暴者来说，暴力行为体现了他们不良思想和不良行为，也满足了他们不健康的心理欲望。这种欲望一旦毫无底线地得到满足，他们就认识不到思想上、行为上的错误，也势必使他们的心理变得扭曲，他们会认为自己的行为是行使自身权利得到某种需要的必要手段，如果得不到及时的惩戒教育，他们在整个成长过程中，就会轻视社会法律规则，就会任性做事，没有底线思维和法律思维，在社会上就会经常为一己私利而做出有害于人民的事情，违法犯罪的概率是非常大的，当然最终也会受到法律惩处。

对受害者来说，经常遭受校园暴力不但会导致受害者身体的伤害和残疾，还会导致受害者出现恐惧、焦虑、抑郁、不安、厌学、失眠等不良心理症状，如果得不到及时的心理干预，就会使受害者自我认知下降，甚至在自卑绝望或情绪失控的条件下出现自我伤害，这些校园暴力行为导致学生自伤、自杀的事件不时出现在一些中小学校中。有的学生由于受到严重的暴力伤害，以至于不得不住院治疗或者休学，导致正常的学习被迫中断，甚至有的学生会对学校产生恐惧感，不愿意再上学，由此

---

① 谢晴．校园暴力施暴者的心理机制及治理对策分析［J］．科教文汇，2022（20）：33-38.

② HAWKINS D L，PEPLER D J，CRAIG W M. Natu-ralistic observations of peer interventions in bully-ing［J］. Social Development，2010，10（4）：512-527.

造成学业荒废。有些学生更因经常遭受暴力而产生一些偏激想法，加上学校忽视心理干预治疗或缺少有效教育干预，这些想法始终伴随着他们成长，一旦与同学发生事端，极有可能在情绪失控的情况下做出更极端的行为，如过失杀人等。总之，校园暴力对受害者的生理发育和心理人格形成的危害是非常严重的，弱小的心灵受到创伤，可能会影响其终生的心理与行为。有研究认为，遭受暴力欺凌的青少年学生在缺少积极的心理干预下更有可能会产生一些人格的缺陷，长大后会有更为强烈的报复心理和施暴倾向。①

对其他同学来说，校园暴力事件一样会严重影响他们的正常学习生活。很多同学会整日生活在暴力的阴影中，他们担心哪天自己会受到校园暴力，因此每天提心吊胆，处处提防那些问题学生，这样势必会影响到学习，导致成绩下降。而一些暴力行为如果得不到及时处理，会造成很不好的影响，诸如不好的学风、班风、校风，校园秩序就会遭受破坏，学生就会对校园纪律，甚至对法律失去信心。尽管我们一直在强调要对青少年加强纪律教育、加强法制教育，使青少年从小遵纪守法，懂得用学校规章制度和法律武器保护自己，但如果校园暴力的存在状况得不到有效改善，学生受到严重侵害而感受不到校纪校规和法律的作用，那么不但受害者本人会对学校、对法律失去信心，就连他们的家人、身边的同学也会对学校、对法律失去信心，最终导致我们的人才培养教育事倍功半。

① 任文华．青少年学生校园暴力的实证研究［D］．重庆：重庆大学，2012.

专题二　校园暴力防治教育政策解读

一、校园暴力防治教育相关文件解读

校园暴力引起了教育部高度重视，教育部等相关部门联合下发了《关于防治中小学生欺凌和暴力的指导意见》（教基一〔2016〕6 号）、《中小学教育惩戒规则（试行）》（中华人民共和国教育部令第 49 号）、《加强中小学生欺凌综合治理方案》（教督〔2017〕10 号）等文件，各文件就校园暴力防治教育以法规制度形式提出了一系列原则、措施、方法（具体内容见附录）。总体来说，可以从以下四个方面深入理解：

（一）目的明确，教育为主

下发的文件，都是以教育为主，惩戒为辅，最终目的是矫正学生不良思想和行为，帮助学生走向正确成长道路。一方面，突出了教育与惩戒的平衡。文件强调，校园暴力防治的根本目的是矫正学生的思想和行为，帮助其回归正轨。例如，《关于防治中小学生欺凌和暴力的指导意见》第二条第 6 点明确指出，对实施欺凌和暴力的学生，必须依法依规采取矫治措施，既要真情关爱、真诚帮助，又要发挥惩戒的威慑作用。这体现了教育与惩戒的平衡，既不是单纯的惩罚，也不是无原则的宽容，而是通过教育引导学生认识到错误，同时利用惩戒措施防止类似行为再次发生。另一方面，体现了教育惩戒的法治化。《中小学教育惩戒规则（试行）》第三条进一步明确了学校和教师在实施教育惩戒时应遵循教育规律，依法履行职责。这不仅为教师提供了明确的操作指南，也保障了学生的基本权利。例如，规则规定教师在实施惩戒时不能体罚或变相体罚学生，不能因个人情绪或学业成绩对学生进行惩戒，体现了对教育惩戒法治化的严格要求。

（二）从教育、应对、惩戒三个方面形成防治闭环

如何规范学生行为、建设平安校园，不是单纯的某一个教育手段或管理途径就能起到作用的，这必须从教育、应对、惩戒三个方面形成一个完整的防治闭环，才能起到相关效果。因为校园暴力事件发生涉及因素多，如果不综合治理，很有可能疏忽一些环节，起到阻碍作用。所以下发的文件都强调教育、应对、惩戒措施的综合防治功能，即做好提前防范，及时应对，事后惩戒。而惩戒又是为了进一步防范，防止事件下次再发生，通过新的教育，做好防范工作。所以，一是要重视教育，以预防为主。文件从多个角度强调了预防的重要性。例如，《关于防治中小学生欺凌和暴力的指导意见》提出，各地要在专项整治的基础上，结合典型案例，集中开展预防学生欺凌和暴力的专题教育。这种教育不仅包括课堂教学，还涵盖专题讲座、班团队会、主题活动等多种形式，旨在提高学生对欺凌行为危害性的认识，增强自我保护意识。此外，文件还强调了对学生进行法治教育和心理健康教育的重要性，通过这些教育手段，从源头上预防校园暴力的发生。二是要迅速应对，及时处理。在应对校园暴力事件时，文件提出了明确的要求。例如，《加强中小学生欺凌综合治理方案》指出，学校要建立早期预警、事中处理及事后干预机制，及时掌握学生的思想情绪和同学关系状况。一旦发现欺凌和暴力事件的苗头，学校应迅速采取措施进行核实和处理。同时，文件还强调了家校沟通的重要性，要求学校与家长密切配合，共同应对校园暴力事件。三是要合法惩戒，依法依规。对于已经发生的校园暴力事件，文件明确了惩戒措施。例如，《中小学教育惩戒规则（试行）》规定，对于实施不良行为或严重不良行为的学生，学校和教师应当制止并实施教育惩戒。对于情节严重或屡教不改的学生，可以采取更严厉的措施，如停课、停学、纪律处分等。同时，对于构成违法犯罪的行为，应当依法移送公安机关处理。这种惩戒措施不仅有助于纠正学生的错误行为，还能起到威慑作用，防止类似事件再次发生。

（三）把“三全育人”落实到具体防治教育方案中

校园暴力虽发生在学校及其周边，但不仅仅是教育的问题，也不仅仅是法律的问题，还有社会、家庭层面的问题因素。因此，需要把“三全育人”落实到具体的防治教育方案中，建立校、社、家、警联合防治教育机制，共同发力，精准开展防治教育。一是全员参与。文件强调，校园暴力

防治需要全社会的共同参与，形成校、社、家、警联合防治教育机制。例如，《关于防治中小学生欺凌和暴力的指导意见》提出，各地要成立防治学生欺凌和暴力工作领导小组，明确各部门的任务分工，形成政府统一领导、相关部门齐抓共管的工作合力。此外，文件还强调了教师、家长、社会工作者等在防治校园暴力中的重要作用，要求全体教职工明确岗位职责，积极参与防治工作。二是全程管理。校园暴力防治应贯穿学生在校的全过程。从入学教育开始，学校就要对学生进行思想道德教育、法治教育和心理健康教育，培养学生的规则意识和责任意识。在日常管理中，学校要严格遵守值班、巡查制度，加强对重点区域和重点时段的监管。对于已经发生的校园暴力事件，学校要进行追踪辅导，帮助学生恢复正常的学习生活。这种全程管理的模式，有助于从源头上预防校园暴力的发生，并在事件发生后及时进行处理和干预。三是全方位覆盖。文件提出了全方位防治校园暴力的要求。首先，学校要营造良好的校园文化氛围，通过优良的校风、教风、学风建设，形成团结向上、互助友爱的校园环境。其次，学校要加强与社区、公安、司法等部门的合作，共同做好校园周边的安全防范工作。此外，文件还强调了媒体在防治校园暴力中的责任，要求媒体加强对学生保护工作的正面宣传引导，防止不良舆论对学生造成二次伤害。

（四）强调校园暴力防治教育行为规范，做到依法依规治理

习近平法治思想的提出，标志着我国进入了新时代法治社会阶段，也决定着一切社会治理都要遵循法律制度，做到有章可循，有法可依。教育部联合其他部门下发的系列文件高度体现了法治性，明确了学校相关主体部门的职责和行为规范，保障校园每位学生权利得到平等的维护。一是法治原则的体现。文件高度体现了法治原则，明确了学校和教师在防治校园暴力中的职责和行为规范。例如，《中小学教育惩戒规则（试行）》第四条规定，实施教育惩戒应当符合教育规律，注重育人效果；遵循法治原则，做到客观公正。这一规定不仅为教师提供了明确的操作指南，也保障了学生的合法权益，体现了法治精神在校园暴力防治中的重要性。二是依法治理机制的完善。文件提出了健全依法治理机制的要求。例如，《加强中小学生欺凌综合治理方案》提出，要建立健全中小学校法制副校长或法制辅导员制度，明确其防治学生欺凌的具体职责和工作流程。通过这种机制，学校可以更好地开展法治教育，完善规章制度，落实预防和处置措施，依法处理校园暴力事件。三是法律责任的追究。对于校园暴力事件中

涉及违法犯罪的行为，文件明确了法律责任的追究。例如，《关于防治中小学生欺凌和暴力的指导意见》指出，对于构成违法犯罪的学生，要根据相关法律法规予以处置，必要时可由政府收容教养或给予相应的行政、刑事处罚。这种法律责任的追究，不仅有助于维护学生的合法权益，还能起到威慑作用，防止校园暴力事件的发生。

校园暴力防治教育相关文件不仅为学校和教师提供了明确的操作指南，也为全社会共同参与校园暴力防治工作提供了法律依据和制度保障。只有通过教育、应对、惩戒三方面的闭环管理，落实“三全育人”理念，依法依规治理，才能有效防治校园暴力，营造安全、和谐的校园环境。

二、校园暴力防治教育内涵与要求

（一）校园暴力防治教育内涵

校园暴力主要是发生在学生之间，中小学生具有很强的可塑性，既容易走偏，也容易扶正。因此，校园暴力防治教育的本质就是惩戒违纪违法行为，引导学生健康成长。它的内涵基于三个方面：一是校园暴力发生前的有效预防；二是校园暴力发生时的沉着应对；三是暴力发生后的惩戒帮助。这三个方面都是为了达到权利与义务的统一，最终实现道德和法治的统一。校园暴力行为都属于反社会的攻击性行为，都会对受攻击者造成不同程度的伤害。因此防治这种现象，必须依赖一个良好的校园环境，营造这种环境，是离不开法治教育手段的。从“国家义务—基本权利”双重视角看，国家给予基本权利的形态大致分为三种义务：消极义务、积极义务与保护义务。因此，校园暴力防治就体现出主体在权利维护中所应承担的国家义务。而权利维护对于校园暴力防治主体来说，法治是其必须要遵循的手段，其最终目的是维护相关主体——学生的人格尊严，实现他们之间人际关系的和谐、良性发展。法治不是单一的，必须与道德相结合来体现出社会价值本身。因此，在防治教育过程中，要做到教育和惩戒、宽容与强制、规则与原则相结合，才能体现出法律的道德性。校园暴力虽是行为的“平庸之恶”，但防治是为了追求行为之“善”，是为了追求人格尊严、公平正义、自由平等、基本人权等人性道德与价值理念。这正是道德与法治相结合的根本需要，也是校园暴力防治教育的根本性目的。

（二）校园暴力防治教育的要求

1. 分类对待，人权第一。人人生而自由，在尊严和权利上一律平等。人权主要包括生命权、自由权、财产权、尊严权、公正权等权利。校园暴力是反人权的行为，我们在防治校园暴力时，要具体情况具体对待，因为校园暴力行为有很多类型，而且学生之间的一些行为需要做出严格的界定。一旦属于暴力行为，要根据其带来的暴力后果做出惩处。暴力行为及其伤害程度会产生不一样的后果，因此需要分类对待。总之，要充分体现出人权维护原则，不论是施暴者、受害者，还是旁观者，他们本身具有的人权利益不得随意破坏，要有针对性地加以维护。

2. 依规处理，文明公正。校纪校规是必须遵循的。各地中小学要根据本地本校实际情况和条件，依据教育部下发的相关文件，制定系列细则，旨在为校园暴力防治教育提供详细、合理、可行的实施依据。细则的制定，意味着行为的规范，意味着教育的文明，意味着惩戒的公正。尽管施暴者是违法违纪者，但是作为学生，仍然享有受教育的权利，仍然享有其他不应该被剥夺的人权，因此需要学校教育者依规处理、依规教育、依规惩戒，保障社会治理的法治性特点在校园平安环境建设中得到具体体现。

3. 教育为先，教惩分明。学生是受教育者，尤其是中小学生，处于未成年阶段，在法律上要受到保护。因此，对于犯错的学生应给予“教育”和“惩戒”双重保护，合理合法实施教育和惩戒，做到教育和惩戒分明。教育是主要的，惩戒是必要的但也是辅助的，以教育引导学生知错改错，以惩戒警示学生知错改错。

4. 四位一体，共同发力。单一的环境教育很难起到防治教育效果。学生受到的影响是多层面的，有学校层面、社会层面和家庭层面，因此要重视社会、学校、家庭、法律等各层面的影响，积极发掘来自社会、学校、家庭和政府的力量，开展社、校、家、政四位一体联合教育，充分发挥各自优势，做到协同配合、合作有序、共同发力，提高防治教育效果。

5. 强化培训，提高能力。各地教育行政部门和学校要面向所有教职员工和家长定期开展校园暴力防治教育专题培训，提升识别、应对能力以及干预处置水平，保障治理过程中防、教、管、督、查、惩等环节都能体现出高质量、高水平、高能力、高效果。要加强对困境学生的关心关爱，及时做好生活照料、心理疏导、家庭教育指导等。要加强对所有学生的防范能力培训建设，通过辖区民警、法律工作者，开展送教送技讲法进校园活动，帮助学生构建防范辨别意识，提高安全防卫基本技能。

6. 三防结合，守护校园。校园暴力防治教育要做好人防、物防、技防。人防是第一位的，物防和技防最终依靠人防来实现。物防是必要的，没有好的物质条件和高科技工具，人防就很难实现其技能运用效果。技防是基础，没有好的安全技术和高科技，人防、物防就是空中楼阁，起不到实质效果。因此，各地中小学要强化人防、物防、技防建设，如加强监控，在楼道、天台、储物间等隐蔽场所或偏僻角落安装监控设备，做到视频监控全覆盖。各地教育行政部门要结合实际，制定防治中小学生欺凌和暴力的指导手册，加强对教师和家长的教育引导。要在法律咨询、心理辅导、行为矫正、技能培训等方面给予学校必要的指导与支持。督促学校开展相关建设，提高防护能力。

专题三　中小学生校园暴力防范意识的构建

暴力是与人类文明相悖的行为，是阻碍自由权利的行为，从法律上讲是应该受到法律批判的。针对校园暴力，这里提出的校园暴力防范，就是根据相关法律制度，赋予相关主体维护自身权益的权利，采取某些措施防范、应对、抵制暴力，从而达到法律批判的效果。如何实施校园暴力防范，意识是第一位的。意识是物质的一种高级有序组织形式，它是指生物由其物理感知系统能够感知的特征总和以及相关的感知处理活动。马克思主义哲学指出：不是人们的意识决定人们的存在，相反，这是人们的社会存在决定人们的意识。存在决定意识，有意识才能指导相应行为。中小学校园暴力行为为什么屡次发生，这与大多数学生校园暴力防范意识缺乏有关。一所学校的师生对这种意识是怎么认识的，会影响到一系列教育活动和教育措施的开展。校园暴力现象既反映了暴力者的行为，也反映了受害者的行为，还反映了旁观者的行为，能体现出这些学生相关的行为在文明、法律、纪律、强身、自卫和团结等方面存在的问题。所以，开展校园暴力防范意识教育，应该综合考虑这些因素的存在，建立在综合性的认知条件上。具体来说，校园暴力防范意识教育应全面体现在学生的文明思想、法律知识、纪律观念、防范思维、强身理念、自卫胆识和团结精神等素质构建上。要让每位学生通过教育都能达到这样的认知：以文明思想破除暴力；以法律惩处警示暴力；以纪律观念杜绝暴力；以强身理念应对暴力；以防范思维警惕暴力；以自卫胆识化解暴力；以互助精神抵制暴力。

一、中小学生校园暴力防范意识的形成

中小学生校园暴力防范意识，是指针对中小学校园暴力行为，广大学生应具有的普遍在头脑中形成的旨在保护自身安全的认知基础和心理活动。既包括学生应具备的针对暴力行为的思想、观念、基本知识和技术，

也包括学生对暴力行为做出的发现、判断、防范、自卫等心理反应。中小学生校园暴力防范意识，是从中国的特色社会主义意识形态建设出发的，要求在思想、法律、道德等方面体现出具有民族特色的马克思主义安全意识形态特性。

1. 以文明思想破除暴力。文明是人类文化和社会发展的表现。人类社会之所以能发展，就是因为造就了很多有利于认识、改造和适应客观世界的人类文明思想。新时代我们党提出加强社会主义精神文明建设，就是为了追求公民道德完善，维护公众利益和公共秩序，促进我国社会主义现代化建设。校园暴力是与社会主义建设相悖的不文明行为，是学校道德基础破损、个人修养缺失的表现。加强校园道德基础建设，才能帮助学生做到善气迎人，亲如弟兄；而疏忽校园道德基础建设，就会导致学生之间恶气迎人，害于戈兵。所以，习近平总书记在党的二十大报告中特别指出："提高全社会文明程度。实施公民道德建设工程，弘扬中华传统美德……加强和改进未成年人思想道德建设，推动明大德、守公德、严私德，提高人民道德水准和文明素养。"[①] 新时代，构建有中国特色的中小学生校园暴力防范意识，首先要加强学生文明思想建设，让学生筑牢中华传统美德，处处展示文明行为，以文明行为破除暴力产生的根子。

2. 以法律惩处警示暴力。文明是人的高度自觉和"自由"的行为，但在生产力还没完全得到解放时，法律和制度就是保障人类高度自觉和"自由"行为的有力武器。马克思说："对于法律来说，除了我的行为以外，我是根本不存在的，我根本不是法律的对象。"[②] 说明法律只对人的社会行为产生制约和规范作用。马克思也认为，"法典就是人民自由的圣经"[③]，说明在人民意志和社会生产还没有得到高度统一时，法律既维护和保障人民的自由权利，也限制人民的活动权利。校园暴力的发生，从法律角度来看，体现了很多学生对法律的无知无畏。学生不知道校园暴力行为是违法行为，不知道要受到学校教育惩戒，甚至法律惩处。新时代，构建有中国特色的中小学生校园暴力防范意识，重要的是加强对学生的法律认知教

① 习近平．高举中国特色社会主义伟大旗帜，为全面建设社会主义现代化国家而团结奋斗——在中国共产党第二十次全国代表大会上的报告［Z］．北京：人民出版社，2022：53-54，44，26，34.

② 中共中央编译局．马克思恩格斯全集（第1卷）［M］．北京：人民出版社，1995：16-17，66，176.

③ 中共中央编译局．马克思恩格斯全集（第1卷）［M］．北京：人民出版社，1995：16-17，66，176.

育，让学生筑牢法律意识和对法律的敬畏意识，展现遵纪守法品行，心存法律惩戒敬畏，以法律惩处警示学生遵纪守法。

3. 以纪律观念杜绝暴力。纪律，是指为维护阶级利益而要求一定集体成员必须遵守的规则。在人类社会发展中“任何一个新的社会制度都要求人与人之间有新的关系，新的纪律”①。社会主义社会人民内部不可以没有自由，也不可以没有纪律。社会主义纪律是建立在人与人之间的平等关系基础上的维护最广大人民利益的新的纪律。学校纪律是社会主义纪律的组成部分，是保障学生生命安全和全面成长的根本手段。校园是要求全体学生共同遵守学校规则的地方，是引领学生健康成长的地方。在我国，校园暴力是一种没有社会主义纪律观念的行为表现，损害的是学生之间涉及人权的平等关系的利益。而人的平等权利一旦遭到破坏，就会产生很多不利于社会安定的危害后果。校园暴力一旦滋生就会影响很多学生的生命观、价值观、人生观的塑造。新时代，构建有中国特色的中小学生校园暴力防范意识，需要强化学生纪律观念教育，提高学生对社会主义纪律的认识，遵循人人平等原则，筑牢纪律观念，以遵守纪律杜绝暴力行为发生。

4. 以强身理念应对暴力。社会主义教育一贯强调人的德智体美劳全面发展。近年来，各地学校“五育并举”教育得到了高度重视，立德树人教育迈上了更高台阶。毛泽东同志早期提出“德智皆寄于体，无体是无德智也”思想，高度肯定了健康身体对于道德实施的重要性。新时代，健康的身心是弘扬奋斗精神的身体基础。以体育人就在于“野蛮体魄”，进而“文明精神”②。毛泽东同志早期提出了“强筋骨、增知识、调感情、强意志”的以体育人观点，③ 指出了体育的强身功能：一来通过体育强壮肢体，提高身体的活动能力；二来通过体育调适情感，杜绝不良思想发生；三来通过体育培育个人意志，激发奋斗精神。校园暴力是存在于学生关系之间的不平等、不正义行为，不同程度地反映了施暴学生的不健康心理，也反映了弱势学生在身心上的不健康，如缺乏身体基本的活动能力、缺乏抵抗斗志、不敢表达个人正确的思想等。这与我国特色社会主义建设在培育青少年学生健全的思想人格教育要求上是完全不相符的。新时代，构建有中国特色的中小学生校园暴力防范意识，要重视体育强身的理念教育，筑牢

---

① 列宁全集（第34卷）[M]. 北京：人民出版社，2020：459-480.

② 中共中央文献研究室. 毛泽东早期文稿 [M]. 长沙：湖南人民出版社，2008：60-61.

③ 中共中央文献研究室. 毛泽东早期文稿 [M]. 长沙：湖南人民出版社，2008：60-61.

学生强身健体意识，提高强身自卫能力，以身心强健应对暴力行为发生。

5. 以防范思维警惕暴力。习近平总书记在党的二十大报告中指出："我们必须增强忧患意识，坚持底线思维，做到居安思危、未雨绸缪，准备经受风高浪急甚至惊涛骇浪的重大考验。"① 虽然这是从国家安危层面提出的安全警示，但在国家建设的每个角落、每个基础环节，都需要我们树立这种安危意识。只有每个人的忧患意识增强了，社会安全、国家安全才能经受住重大考验。校园暴力是影响我国社会内部安全的不可忽视的最基层的因素。校园暴力的发生，往往反映了一些学生对校园暴力危害和学校管理认知的不足，缺少基本的防范知识、技能，缺少对学校管理制度的真正接纳和遵守。新时代，构建有中国特色的中小学生校园暴力防范体系，要强化防范思维教育，强调校园安全建设的重要性，让学生深刻认识到校园安全维护与每个学生的生命安全息息相关，要求学生具备对校园暴力行为发现、判断、规避、防卫和应对的知识、技能，并从内心深处接受学校体系化的安全教育和制度化的安全管理，筑牢防范意识，以防范思维警惕各种暴力行为发生。

6. 以自卫胆识化解暴力。"人不犯我，我不犯人；人若犯我，我必犯人。"② 这是毛泽东同志早期提出的捍卫国家民族权利的斗争口号，后来成为我们党为了人民和民族利益，敢于打击和消灭一切来犯之敌的斗争口号。不论怎样存在，它展现的都是一种自卫思想，即任何方面的横逆如果一定要来，如果欺人太甚，如果实行压迫，那么我们就必须用严正的态度对待之。新时代，我们同样应当把它拿来作为坚持正义而敢于斗争的口号。校园暴力是侵犯人身自由权利的暴力行为，从人权保护上讲，这是法律不允许的非法行为，是必须要与之作斗争的，通过斗争来维护权利。而作为法律认定的社会个体，学生有正当防卫的行为权利。正当防卫权的行使就是坚持正义的斗争，是为了保障自身合法利益的斗争。因此，我们要有"人若犯我，我必犯人"的自卫胆识，在斗争中果敢地实施防卫手段，行使自卫权利，尽可能化解校园暴力行为带来的人身伤害。新时代，构建有中国特色的中小学生校园暴力防范意识，要强化学生做人的胆识教育，引导、教育学生面对邪恶，要灵活应对，敢于斗争，以机智勇敢化解

---

① 习近平．高举中国特色社会主义伟大旗帜，为全面建设社会主义现代化国家而团结奋斗——在中国共产党第二十次全国代表大会上的报告［Z］．北京：人民出版社，2022：53-54，44，26，34.

② 毛泽东选集（第2卷）［M］．北京：人民出版社，2009：749.

暴力。

7. 以互助精神抵制暴力。互助精神是反映人的行为规范的道德观念。习近平总书记指出："中国人民是具有伟大团结精神的人民。"① 确实，几千年来，团结一心、同舟共济是中华民族一以贯之的文化基因。从"兄弟同心，其利断金"的朴素道理到"能用众力，则无敌于天下"的金玉良言，从"五方之民共天下"的大一统观念到"像石榴籽一样紧紧抱在一起"的中华民族共同体意识，团结统一始终被视为中华民族"天地之常经，古今之通义"。② 校园暴力的不时发生，反映了互助团结精神在学生之间有弱化的迹象。面对校园暴力，很多知情者、围观者屈服于暴力，不敢伸张正义，而这往往助长了施暴者的嚣张气势。新时代，构建有中国特色的中小学生校园暴力防范意识，要重视学生互助、团结精神的教育，筑牢学生正义感，面对暴力，敢于发声，团结一致，保护弱势，以团结力量抵制暴力。

二、中小学生校园暴力防范意识的培育

学校是培养社会主义建设人才的地方。我们要"全面贯彻党的教育方针，落实立德树人根本任务，培养德智体美劳全面发展的社会主义建设者和接班人"③，要抓好"三全育人"机制建设，坚持"五育并举"方针，切实把校园暴力防范意识培养作为新时代社会主义学校教育的重要任务，落实到校园安全环境建设中，做到预防在先、治理在后，引导学生健康成长，打造新时代有中国特色的校园安全环境。

（一）定好文明规矩

1. 无规矩不成方圆。要做好学校文明守则、纪律条例、道德规范制度完善建设，从制度上加强对学生的行为规范和约束管理。各级各类中小学要倡导中华传统美德，强化校园道德教育，创新完善校园纪律制度。要加

---

① 习近平总书记在十三届全国人大一次会议闭幕会上讲话。

② 大力弘扬伟大团结精神［EB/OL］.［2018-05-18］. 观点-人民网（people. com. cn）.［2023-01-12］.

③ 习近平．高举中国特色社会主义伟大旗帜，为全面建设社会主义现代化国家而团结奋斗——在中国共产党第二十次全国代表大会上的报告［Z］．北京：人民出版社，2022：53-54，44，26，34.

强中小学生思想道德教育和校园纪律管理一体化建设，统筹推动校园文明培育、文明实践、文明创建，形成体系化的关于未成年人思想道德建设规范和评价标准的义务教育。要把思想道德教育纳入学业建设中，完善升学评价标准。要开展思想道德分层教育，把社会主义劳动精神、团结精神、奋斗精神、勤俭节约精神、创造精神、奉献精神有序融入各年级道德教育中，逐步构筑、强固学生的劳动意识、奋斗意识、规矩意识、纪律意识和美德意识。

2. 做好警示教育。校园暴力行为的发生，大多是施暴者对相关的校纪校规，以及法律知识了解甚少，对校园暴力行为的教育惩戒，甚至法律惩处没有敬畏感。因此，要开设法制基础课程，科普法律基本知识；要开展校警联动教育，联合辖区政法干警，定期或不定期开展法制讲座报告，利用身边人身边事，为学生剖析案例，引导、启发学生思考，提高学生对校园暴力行为的深入认知。要根据学生年龄阶段和身体成长特点，编写特色教材，如针对低年级学生，编写以漫画和故事相结合释法的法制科普教材；针对高年级学生，编写以图片和案例相结合释法的科普教材。各中小学要根据我国《中小学教育惩戒规则（试行）》等系列文件，制定相应的《校园学习生活文明行为守则》《校园暴力行为处理制度》，联合当地公安部门，共同开展校园暴力治理安全教育活动，警示学生遵守校纪校规。

3. 传好优秀文化。校园安全意识培养是文明校园创建的重要部分，要通过深化传统文化教育来促进校园暴力防范意识的形成，引导学生感悟中华传统文化精神和思想精髓，筑牢快乐和谐、自信自强、团结互助的新时代校园精神。

要把优秀民族文化融合进思政教育中，构建、开设传统道德文化课程、传统体育文化课程、传统艺术文化课程、传统法制文化课程等系列传统文化课程。要积极开展有中国特色的校园文化活动，如中华武术习练活动、传统体育竞赛活动、经典故事每周一讲活动、诗词朗诵竞赛活动、古典名著每周阅读活动、模范事迹报告活动、身边榜样我宣传活动等。要精选传统文化名人、名言、名句、名典故，利用校园文化墙、校园警示栏、校园建筑标识物等载体，装饰校园文化风景，使校园处处、时时都能展示优秀的中国文化元素。

4. 做好校园宣传。校园宣传是开展学校教育的重要途径。各地各级各类学校要加强法制科普宣传、校园暴力防范教育宣传、身边榜样宣传等教育活动建设，根据需要制作微课程、宣传手册、宣传横幅、宣传板报，开展法制科普讲座报告、安全技能辅导、红色精神主题演讲、校园违纪违法警示片观看等活动。要发掘、宣传身边好人好事，找典型、树榜样，激励学生树立积极向上的道德思想；要在校园旗帜鲜明地开展校园暴力防范教育，把校园暴力的危害、特征、责任，以及校园安全治理的各种守则制度告知全体学生、教师、家长，做到全员知晓、全员预防，共同治理校园暴力。

5. 抓好课程开发。校园暴力防范意识是对存在的客观事实的综合反映，它要求个体具备多种素养，涉及思想、道德、法制、体育、心理等多方面。培养学生校园暴力防范意识，要根据学生成长规律和生理特点，结合校园暴力前期防范、应急处置、后期修复等环节的教学需要，抓好素质课程体系开发，从教材、教学内容、授课师资、活动计划、教学需求、授课形式等环节做好设计规划建设，形成覆盖全学段义务教育的系统化的科普教育体系。要把思想、道德、法制、体育、心理、传统文化等相关知识纳入课程建设中，构建和完善系列素质课程，如法制与行为规范课程、体育与健康课程、挫折与心理调适课程、道德与品质课程、思想与政治课程、校园暴力防范课程、文化与安全课程、武术健身与强身课程等，通过这些课程建设促使学生素质得到综合提升。

6. 把控好课堂教学。课堂教学是教育基本工作，也是培养人全面发展的重要教育环节。培养学生校园暴力防范意识，要重视课堂教学，把控好课堂教学方式方法的创新。要利用“互联网+”技术，构建智慧平台，开展好数字化科普教学，为学生传递、讲好、讲透、讲活与欺凌治理相关的基本知识、技术、思想、理念。同时，要通过信息化应用，及时发现智慧平台问题，予以迭代改进，要不断更新拓展新技术、新知识，把人文知识、社会知识、自然科学知识融合在一起，不断更新科普内容。除此之外，还要狠抓线下知识技术教学，创新课堂教学内容、方法，强调课堂学习训练的重要性，讲清为什么学、为什么练、怎么练，为学生把知识技术所内含的学理、道理、情理、法理讲明白、讲透彻。

7. 树好强身健体观。体育是“反暴力”最好的教育。毛泽东在《体育之研究》中指出，“勤体育则强筋骨，强筋骨则体质可变，弱可转强，身心可以并完。此盖非天命而全乎人力也”。[①] 亦认为经常参加体育运动，

① 中共中央文献研究室．体育之研究［M］．长沙：湖南出版社，1990.

“故身体健全，感情斯正，如遇某种不快之事，苟加以体育运动，立可汰去陈旧之观念，而复使脑筋清明”。①

当前，中小学生很多都体质瘦弱、精神匮乏、信仰缺失、意志薄弱。这主要是学校体育教育缺失，体育锻炼时间被严重挤压，学生运动量不足，学校体育开展不力导致。② 因此，各级中小学校要重视校园暴力防治建设，牢固校园安全基础，重视体育强身健体观教育，切实抓好“五育并举”工作。要深化校园体育活动，重点开展与校园安全建设相适应的特色体育活动，积聚校园环境正能量。要深化“阳光体育运动”、武术进校园等特色体育活动建设，塑造校园品牌，服务学生校园体育生活。要构建科学、有效的体育与健康课堂教学新模式，帮助学生掌握 1 项至 2 项运动技能。要积极探索一体化推进，让“教会、勤练、常赛”成为体育课堂教学常态化、规范化的教学方式，有效促进学生身心全面发展。要利用各种高科技工具和科技化信息化平台，开展有针对性的“反暴力”的体育技能教学活动，满足学生对安全防暴技能掌握的需求，锻造集安全思想、健康体质、强身技能、自强精神于一体的“反暴力”安全能力。

8. 用好各界力量。教育不仅仅是学校的事，更需要社会、家庭的极力配合。要加强政、社、家、校合作，开展协同教育。学校要及时与政府法治公安部门、社会企业事业机构、学生家庭沟通协作，利用各自的优势和资源，加强合作，共同发力。要统筹好师资队伍，组建包含公安法制人员、社会企业人士、学生家长、学校教师，以及相关领域专家学者的智慧教育团队，联合开展科普教育。

---

① 中共中央文献研究室．体育之研究［M］．长沙：湖南出版社，1990.

② 周良云，许良．我国学生体质与健康状况“趋势性变化”的解读与思考［J］．广州体育学院学报，2013，3（1）：23-27，33.

专题四　中小学生应对极端暴力应急防卫能力的建设

校园暴力往往发生在学生之间，还有一种极端暴力（通常是砍杀行为）往往是发生在社会人员与学生之间，这些社会人员对学生进行人身安全恶意攻击，有些行为甚至带有恐怖性质。一些社会外来人员，基于各种压力，或者对社会、政府不满，进而发展为无差别地针对学生砍杀，造成学生受伤甚至死亡，这些极端暴力，有些甚至带有恐怖性质，这是我们开展青少年学生反暴力安全教育需要引起重视的。近年来，以刀斧等利器砍杀为主要特征的针对校园学生的暴力事件时有发生，给学生的成长发展，以及校园生活安全和社会秩序带来严重危害。例如，2018 年发生在上海世界外国语小学附近的“6・28”砍杀小学生恶性事件，2018 年发生在陕西省米脂县第三中学“4・28”恶性袭击学生事件，等等，都造成学生不同程度的伤亡。其中米脂县第三中学“4・28”恶性袭击学生事件中，学生在放学途中遭人袭击，造成 19 名学生受伤，7 人死亡。这些暴力袭击学生行为给当地社会稳定带来了严重的危害后果，给当地百姓幸福生活的获得带来了恶劣影响。人类要生存和发展，社会要延续和进步，首先要以保全人的生命为前提。生存不安全，何来发展？安全伴随着人类社会始终，是人的最基本需求；最重要的是，幸福生活是建立在健康和生命安全的基础之上的，重视生命安全才可能幸福生活。党的十八大以来，党中央始终高度重视社会安全工作，并多次作出重要指示：坚决把暴力恐怖分子的嚣张气焰打下去，以震慑敌人，鼓舞人民；要深入开展各种形式的群防群治活动，着力打好防治暴力恐怖的人民战争；保持对暴力恐怖行为的严打高压态势，有效遏制极端暴力和恐怖事件的发生。打击极端暴力和恐怖活动，不仅仅涉及公安队伍的战斗力，也涉及广大民众的防控能力。学生作为特殊的社会群体，也是全民防暴反恐的重要组成部分，从权利与义务来讲，当学生个体遇到极端暴力袭击行为时，也应当有义务实施自救和互救，那么在这种危急情况下学生如何通过自救或互救尽可能地保全自己或同伴的生命，这就需要学生具备一些基本的应急技能，以防范和应对突发的利器砍杀等暴力行为，尽量提高自身生命安全系数，减少伤亡。所以，新时代有针对性培育中小学生应急防卫能力具有很现实的作用，对打造平安中国意义重大，也是各地各中小学开展安全教育应重视的。

一、中小学生应急防卫行为表现

应急防卫，是指暴力袭击行为突发情况下，受害者第一时间做出快速反应，为保护自身或他人人身安全，在紧急情况下采取的快速自救和互救行为。针对极端暴力事件，我国政府加强了公安队伍反暴能力和社会防控体系建设，但在现有的警力和条件有限的情况下，从暴力袭击行为突发到警力控制，很大程度上不可避免地存在一定的时间间隙，在这个间隙内，也正是暴力犯罪人员实施暴力行为的得力时间，如果相关受害主体第一时间不能及时做出自救和互救行为，势必会出现更多的流血伤亡。从目前发生的针对学生砍杀的暴力事件来看，学生在遇到利器砍杀暴力袭击突发情况下采取保护性自救、互救行为的现状值得我们深思。

1. 学生安全防范意识整体缺乏。环境决定意识，意识指引行为。我国自 20 世纪 80 年代开始，进入一个相对安全平稳的和平年代，国内和平环境决定了我国民众防范意识的不足，这也包含学校教育对学生防范意识培养的不足。改革开放以来，我国政府大力加强内地治安、经济、文化环境建设，并取得显著发展。但相比之下，却忽视了暴力恐怖活动对我国内地社会建设存在的危害性。因此，在宣传、教育训练、打击等实质性建设方面的力度都略显不足。直到 21 世纪，这方面的建设力度才得以加大。所以，那段时间以来很多民众的第一感觉就是暴力恐怖活动离我们的生活很遥远，因此暴力恐怖活动往往在民众生活中没有形成概念，民众也不关心、不关注或不了解暴力恐怖活动的特征和危害，因而也不会通过一些途径去锻造防护意识。尤其学校在这方面的教育更显单薄。在针对学生的一些极端暴力事件中，学生反应也是如此，受害的学生主体基本上第一时间很难做出逃生反应，因为本身就没有安全防范意识，没有预估、警惕身边情况。很多情况下，学生不会主动观察周边情况，不会随时观察往来路过的人群以及周边环境，加上因为相关教育缺失，学生缺少辨别、诊断、分析等经验和知识，应变能力差，所以一旦危险来临，学生很难做出及时的应对性的防护行为。

2. 学生自救、互救技能差。自救、互救技能主要体现在受害者或同伴能否及时利用周边地形地物进行防卫、就近取物反击、互相协作反击以及智慧勇气等方面。多起暴恐事件说明我国民众在这些方面的不足。中国本是技击大国，武术更是中华民族灿烂文化之一，武术文化应为我国民众防身自卫能力建设发挥应有的作用。武术原本来自军事战争、民间打斗，本就具备徒手格斗、短兵相接等技击功能，也承载了中华民族正义、勇为的伦理精神。然而，在今天相对和平的社会环境中，武术影响技击的功能被削弱，民众学武练武，是基于养生、娱乐之需要，学校开展武术教学是增强学生体质，提高健康水平，少有为技击防身之需要。另外，在现实生活中，一旦爆发暴恐活动，民众无法应对和反击，不能有效自救和互救。当校园发生利器砍杀暴力事件时，学生也无法做出应对行为来保障自身和同伴的安全。

二、中小学生应急防卫能力体系

能力就是人在社会发展过程中所具有的生存技能。作为社会人，必须具备在不同环境下的生活工作以及解决困难的能力才能生存下去。应急防卫能力，是指在某种特定环境和突发事件下，个体在第一时间为自救和互救所需具备的主观条件。在遭遇突发的冷兵器砍杀暴恐袭击时，中学生，特别是高中生要做到自救，甚至互救，减少伤亡，必须具有一定的防卫能力，这些能力体现在多个方面，是学生个体安全防范意识、防卫技能和精神状态在特定环境下的集中体现。具体来说，学生应急防卫能力体系主要包括以下基本要素：

1. 安全防范意识。意识是行动的先导。学生在日常生活中，特别是在公共场所，如人员密集场所、重要交通场所等，应养成注意观察的良好习惯，通过观察来判断自己所处环境的状态，提醒自己是否应该保持高度的警惕性。出门在外或路途中，应时常留意周边环境，注意衣着、言行、举止有违常态的可疑人员或群体，不时利用眼睛余光带来的光影变化，警惕旁边、身后的动静。养成良好的观察习惯，能提高大脑的反应速度，有利于快速做出反应。在对方发动袭击时，能快速知道对方行动的征兆，也能在第一时间为撤离逃生明确正确路线，或者为第一时间利用环境和器物打击暴恐分子做出比较合理的选择。

2. 灵敏的反应素质。刀斧利器砍杀等暴恐行为发生在自己身上时，往往非常突然，常人很难短时间预料行为的性质。所以，如果能够做出快速灵敏的反应，很大程度上可以降低自身危险系数。快速灵敏的反应素质，可以帮助学生做出系列应急防护逃生行动，如遇到刀具砍杀暴恐行为来不及跑离时，首先想到的是避免致命伤害，这时做出的快速闪躲或快速的近身双手推挡，就有可能避免头部遭到致命砍击。躲避了第一次砍杀，如果能随即做出进一步快速反应，决定是反攻还是跑离，就可能避免暴恐分子再次砍杀带来的伤害。周边人员（学生）也应根据情况由大脑快速发出指令做出何种行动，对情况不能有丝毫迟疑。当时间不足、活动空间足够时，应尽量采取灵敏的变向滚翻、变向跑，此时首先想到的是如何快速行动跑离，快速避开暴恐分子的第一次砍杀路线，保障第一次防护成功；或者先化解砍杀力量，减小伤害，随即再拉开距离跑离；或者利用其他工具，协同其他在场人员伺机反击。当暴恐行为首先发生在旁边人身上时，自身快速的反应也能帮助在场受袭击人员做出合理决策和判断，有利于在场人员采取比较有力的手段来实施互救，减轻受袭击人员的身体伤害，给予暴恐分子最大的打击。

3. 快速的躲避技术。快速躲避技术包括肢体闪躲、跑离，以及利用环境器物的闪躲技术等。从生理上讲，人的要害部位受到攻击，会导致肢体失去运动感觉，可发生暂时的神经性功能丧失，严重的可导致身体瘫痪或死亡。对付暴恐分子，应以最简练的动作、最快的速度、最狠的方式击打其最薄弱、最致命的部位，如肘击太阳穴、膝顶裆部、戳眼、插喉、反肘关节等，使其剧痛，进而使其降低或失去继续攻击的能力，但是需要有快速的反应和熟练的技术，对于大多数中小学生来说，因缺乏这方面的专业训练，基本上是不具备这样的技能的。因此，只能进行躲避。刀具、斧头袭击，一般都是以劈、砍为主，对付这类砍杀，除了应及时观察情况，获取信息及早做安全准备外，一般要充分利用本能反应，快速做出防御性保护动作。通常是能闪则闪、能躲则躲、能跑则跑，应力求第一时间迅速化解第一次致命砍杀；来不及跑或撤离时，要本能地用双手护头，团身，尽可能避免头部受到砍击。具有较强身体素质的中学生，要充分利用自身身体素质，在无闪躲、撤退可能时，也应尽可能快速近身，双手护头，并猛力拍挡暴恐分子的持刀手臂，尽量避免头部首次遭到伤害；与此同时，应迅速肘击、膝顶、指戳、掌插暴恐分子的薄弱部位，在其因生理疼痛发生迟疑瞬间，或迅速跑离，或迅速控制其持利器手的关节，或趁机连续攻击其要害，最终使其完全丧失攻击能力。遇到砍杀暴恐行为，还要充分利用周围的环境，根据地形地物情况，确定往哪里可以跑开，哪里可以用来躲开、周旋；同时要迅速发现、利用周边可取之物，如铁棍、木棍、椅子、凳子、扫把、消防栓、铁锹、石头以及随身携带之物等，作为暂时的防卫武器，用这些东西采取戳、砸、扔等方式，干扰暴恐分子的注意力，为躲避第二次、第三次砍杀赢得时间。

4. 智勇皆备的互助精神。见义勇为是中华民族的传统美德。面对利器砍杀暴恐突发事件，每一个在场的人除了自救，还要发扬见义勇为的精神，不能不分具体情况一味地自顾保命，而应见机行事，勇敢地站出来，号召每一位个体，同心协力，打击邪恶，救护他人。互救是一种社会正能量，是一种精神，它不仅需要勇气，更需要智慧。利器砍杀暴力恐怖行为是一种极端的反社会行为，暴恐分子是人类的公敌。面对暴恐分子的砍杀袭击，在场的每一位人员，首先要镇定，不要惊慌失措，要相信正义必将战胜邪恶。面对暴恐分子滥杀无辜、失去人性的暴行，你越害怕，他对你的伤害就会越大，他的行为会更加肆无忌惮；而你越勇敢，无所畏惧，他们反而会害怕，正所谓狭路相逢勇者胜。因此，要遏制暴恐分子的嚣张气焰，每一位有能力的在场个体，都应该发扬大无畏的英雄气概，同心协力，不怕牺牲，与暴恐分子作坚决的斗争。“你的无所畏惧从气势上能给恐怖分子以巨大威慑，是战胜恐怖分子的最犀利的精神武器。”[①] 因此，只要大家都能团结起来，无论从心理上还是力量上，都足以击垮暴恐分子。中小学生虽然在心理、身体等素质上比成年人差，面对砍杀暴恐袭击受到危害的可能性很大。但面对危险来临，除了自救外，仍然要发扬互助精神，要充分体现出青少年应有的智慧和勇气，那就是发现危险，及时呼叫同伴躲避，或及时利用器物干扰暴恐分子对同伴的砍杀行为，或巧用各种身体信号，呼唤大人的帮助，转移暴恐分子的注意，为跑离争取时间。

三、中小学生应急防卫能力提高的建设路径

提高学生的应急防卫能力，应始终围绕向学生普及反恐防暴知识和技能、倡导见义勇为的精神等方面来开展建设性工作，以解决学生在这些方面的不足。

---

① 范伟．应对暴力袭击的素质要求和处置方法［J］．军事体育学报，2014（3）：63-64.

（一）加强反恐宣传教育，提高学生的反恐防暴意识

当前，我国的反恐防暴宣传教育比较薄弱。要提高我国中小学生的应急防卫能力，应重视应急准备阶段的宣传教育建设。各级政府及其相关教育行政部门、学校应通过各种教学媒介、教育平台，采取多种途径，对学生着力加强反恐防暴宣传工作。一是要让广大学生对暴恐事件的性质、特点等有一个全面的了解，提高学生对暴恐事件的认知；二是组织引导学生学习和了解反恐防暴的基本知识和技巧，提高他们的安全防范意识，在暴力恐怖事件发生时能够有效躲避，或者采取应对措施保护自己；三是向学生介绍辨别暴恐分子的一般方法，提高学生的辨别能力；四是教育、引导广大学生树立互助、协作精神，敢于同暴力恐怖分子作斗争，形成全民反恐防暴的局面。要倡导学生加强这方面的学习训练，具备各种暴恐犯罪防范知识技巧，这有利于政府落实和完善公共场所的暴恐防控体系建设。①

（二）加强校园科普教育，普及学生的反恐防暴技能

1. 学校应加强危机教育应急防卫公共课程的开发。危机教育是帮助人类战胜危险灾难的求生技能教育，对人类提高求生安全系数意义重大。我国教育部早已明确提出："要把安全教育工作纳入学校正常的教育教学行动之中，全面培养学生的安全意识，提高学生的综合素质，加强安全教育，培养学生在紧急情况下的自救和处理问题的能力。"② 但从目前看，我国的各类教育机构尚未形成安全应急教育体系。反观西方很多国家，学校教育已形成了较为完善的危机教育体系，如日本从幼儿时期就开始接受防范包括恐怖袭击在内的各种危机教育③，俄罗斯设置了专门的《生命安全基础课程》④。当前，我们应看到应急求生危机教育进校园的重要性和紧迫性，逐步在各级校园内开展各种形式的应急求生技能教育训练，并逐步建立、完善课程体系。由于暴恐袭击在全球范围内频发，提高学生的反恐防暴应急能力应作为危机教育中的重要组成部分，应将反恐防暴教育贯穿于

---

① 钟智群．公共场所治安防控体系的构建——以昆明火车站暴力恐怖事件为例［J］．理论观察，2014（7）：42-43.

② 刘济良．生命教育论［M］．北京：中国社会科学出版社，2004：73-100.

③ 杨为程，张国吉，韩永初．应对城市中暴力恐怖活动：域外经验及启示［J］．新疆社会科学，2014（2）：86-91.

④ 季浏，汪晓赞．初中体育与健康新课程教学法［M］．北京：高等教育出版社，2003：48-50.

义务教育、职业教育和普通高等教育的不同阶段。为此，应组织专门人员开发反恐防暴应急防卫求生课程，并紧紧围绕培养学生安全意识，增加学生的反恐防暴基本知识，增强学生的反恐防暴基本技能和智勇精神等内容展开。内容设置与编排上应以生命安全教育为主线，力求覆盖到紧急疏散、灾害逃生、暴恐嫌疑人识别、地形地物利用、武术徒手格斗、武术兵器对抗以及多人围攻牵制战术等方面。对于技能实操训练、演练，要逐步构筑起涵盖个体技能训练、团队协作训练、群体综合模拟演练等不同层次的实训课程体系。[①] 有条件的高校可以设置危机教育公共课程，开发危机教育专业课程体系，根据需求培养这方面的专业人才，为各级中小学校培养和输送应急防卫方面的师资力量，以保障各级中小学校能常规有效开展应急防卫技能的学习训练工作。

2. 学校应联合政府、社会专业机构开展教育培训服务。普及和提高学生的应急防卫技能，需要政府和社会共同参与，需要大量的专门的社会教育专业机构。这些政府部门和专业培训机构应不定期地动员、组织专业的反恐防暴力量，有针对性地对各类中小学校学生进行反恐防暴知识技能培训，以及有针对性地开展一些综合演练，提高警民联合反恐防暴的能力。[②] 社会专业培训机构要依托国家政策，面向包括学生在内的广大社会民众，采取一些积极手段，引导他们主动参与到特殊环境下寻求生命力的技能训练中来，并提供各类优质的教育训练服务。各级政府要激活并依靠民间反恐防暴力量，走“全民反恐防暴”之路。各级政府公安职能部门应联合各辖区学校开展针对性的反恐防暴演习，并协助辖区学校开展应急防卫技能培训班，对师生进行技术指导；各地各级教育行政机构要督促所辖学校主动作为，积极开展培训活动，引导学生认真学习，深刻认识暴恐犯罪的危害性和严峻性，主导学生积极主动投入到全民反恐防暴学习和训练中来，鼓励学生业余时间积极有计划地参加一些反恐防暴技能培训班。

3. 学校应推进武术进校园活动，促进中华武技的传播。武术具有很强的技击性能，虽然在不同环境下得到不同的发展，但技击作为武术的核心，是武术发展的根本。特别是在全球暴恐犯罪日益猖獗，并且不断向中国渗透的情况下，武术的技击性能在我国应当得到发扬光大。目前，我国

---

① 李兴海．“6·15”案件对防范和控制刀斧砍杀暴恐袭击的启示［J］．公安教育，2014（10）：49-51.

② 杨为程，张国吉，韩永初．应对城市中暴力恐怖活动：域外经验及启示［J］．新疆社会科学，2014（2）：86-91.

正在大力开展武术进校园活动，要求各级学校广泛开展武术文化教育活动。在这样一个背景下，武术不光要起到弘扬传统文化精神和服务学生健身休闲的作用，还应起到保护自己、防范社会危害发生的作用。为提高学生的自防能力，武术教育要大力提倡武术格斗本质的回归。各级教育行政部门应充分依靠我国各地的武术资源和武术技击性能，指导各级中小学大力推广武术进校园活动，加强武术格斗技击在校园的传播，同时要特别重视对武术长、短兵器搏杀术的学习训练。在暴恐事件中，刀斧等利器砍杀对人的杀伤力很强，单纯的徒手应急防护存在很大的危险性，因此要给学生灌输一种自救理念，要善于运用就近器物进行反击，提高求生安全系数。而武术长、短兵器搏杀术具有很强的技击性能，对其技术加以借鉴运用，可以为器物使用提高防护效果，如利用棍棒之类的器具攻击暴恐分子时，在技术上就可以借鉴武术长、短兵器搏杀术，利用刺、劈、挑、扫等技术击打对方头部、裆部、腰部，以提高击打效果，更有效地保护自己。

（三）研发简易防卫工具，助力校园安全防卫效果的实现

研发一些防卫求生简易工具，是新质生产力的具体实践，是实施自救、提高求生安全系数的重要举措。研发制造一些供普通民众（学生）应急防卫使用的简易工具，是提高校园安全系数的重要举措。当然，研发简易防卫工具既要区别于警用装备，又要不属于管制刀具，并且在设计上能做到携带方便，使用安全。比如，根据警棍、盾牌研发原理，研发一些供民众应急防护使用的伸缩性应急棍和小型盾牌，根据携带方便和快速防护需要原则，可设计为把这些应急棍、盾牌安装在行李箱上，通过设计的一些装置设置，做到既可以很方便地弹出或取出，又能安全牢固地放回。在性能上，制作要做到既轻巧又具有一定韧性，还具有较强防护性能，能起到有效实施自救、互救的效果。

专题五　中小学校园暴力防治教育的反思

党的十八大以来，党和政府从国家安全层面高度重视校园暴力治理问题，近年来教育部出台的《关于防治中小学生欺凌和暴力的指导意见》《防治中小学生欺凌和暴力指导手册》《中小学教育惩戒规则（试行）》，提出了许多治理对策，更是从国家安全层面强调加强教育干预，强调“要从学生身心健康及社会长远和谐的角度，对学生进行行为矫正和教化的教育惩戒”，修复关系。① 可见，教育仍然是我们党和政府开展防治校园暴力的重要手段。当前，以党的二十大精神为指引，对校园暴力防治情况进行教育审视，寻找更多符合中国实际情况的教育措施，对中国式国家安全和稳定建设意义重大。

一、中小学校园暴力防治教育的含义

中小学校园暴力防治教育是校园安全建设的重要部分。从教育本质看，针对校园暴力行为，学校有义务开展防治教育，保障学生生命安全。作为教育主导者，学校应该通过教育正确引导学生思想和行为的发展，防范和阻止错误思想和行为的发生，从而保障广大学生德智体美劳全面发展。校园暴力防治教育的本质就是通过专门教学和专题教育等形式，提高学生安全核心素养，推动校园安全环境建设。所以，从其本质来看，校园暴力防治教育涵盖四个方面的意思：其一，通过相关知识教育，引导学生做文明学生，遵纪守法，不霸凌同学；其二，通过相关知识技术学习，筑牢防范意识；其三，通过相关知识技术学习，具备应对暴力及化解其危害的技能；其四，通过相关法律、道德教育，帮助问题学生走向良性发展，

① 程力，沈晓敏．从惩戒到关系修复：北美校园暴力治理范式的转变［J］．全球教育展望，2022，51（4）：112-128.

通过心理干预教育，帮助受害学生走向健康发展。

二、中小学校园暴力防治教育存在的问题

中小学校园暴力现象令人担忧，全社会都非常关注校园暴力防治这一重要教育问题。教育好孩子，防范、制止、矫正学生的欺凌、暴力行为，打造平安校园环境，是广大民众共同的心声，也是教育部门高度关注的重要教育工作。新时代各级各类中小学校都在积极采取措施，防治的意义、要求都达到了新的高度，但教化仍然还有很大空间，教育问题不是小问题，应当正视。

（一）“反暴力”校园安全教育是构建中国式和谐社会的重要基础条件，校园传统文化教育不够

新时代我国校园安全教育需要紧密结合我国优秀传统文化安全建设。校园安全治理是国家安全体系和能力现代化建设的一部分，是保障国家内部安全不可忽视的基层基础建设。党的二十大报告强调维护国家安全和社会稳定要“以军事科技文化社会安全为保障”①。报告进一步把人民、社会安全与科技、文化安全融为一体，纳入国家安全体系和能力现代化建设的范畴，丰富发展了新安全格局，为维护国家安全提供了软实力保障。“反暴力”校园安全教育是保障人民安全和社会安全的最基层的国家安全治理部分，事关基层社会和谐稳定。文化来源于人民的实践，又服务于人民的实践，是对人类生命具有的思想情感价值的现实反映。在全球化时代，我国特色社会主义和谐社会构建离不开传统文化的安全建设，而把传统文化充分融入到校园安全教育中，既是文化安全建设的具体手段，也是服务中国式和谐社会的主要路径。我国传统文化是基于人的安全、尊重、交往需要，是以生命价值追求为核心，寻求如何做人，如何做事，如何构建社会关系的思想体系。对于生命教育来说，传统文化教育更有助于人的安全，使人际交往更加和谐，让人的一生更有意义。

然而，在校园暴力防治中，我们更多的是强调教育、法律惩戒，却忽

① 习近平．高举中国特色社会主义伟大旗帜，为全面建设社会主义现代化国家而团结奋斗——在中国共产党第二十次全国代表大会上的报告［Z］．北京：人民出版社，2022：33，44-45，52.

视了传统文化的熏陶教育。校园暴力行为有个人霸凌，也有群体暴力，但他们的行为都是“平庸之恶”的表现，往往体现了行为者对一种文化的无知，是一种没有认识或认识不正确的“无思想”行为。这种“无思想”行为发生在我国中小学校园，往往缺乏的是一种深入的、健康的、全面的文化引导，或者说健康文化渗透不够，使学生没有那种明辨是非的思维，“不能独立思考，不去思考，或思考后仍屈服于现状”①，而这又与以往很多学校“教育的重点是提高学生的成绩，而忽略孩子本身身心健康的教育”② 相关。身心健康教育需要文化熏陶，需要学校打造文明的文化校园环境。在生命教育意义上，很多学校并没有认识到中国传统文化对人的健康成长的重要性，没有关注到中国传统文化具有的“道德情感”和“人文关怀”的功能本质，更没有想到传统文化如何入驻校园，如何全员、全方位、全程、多途径、多角度开展中国传统文化教育。

（二）“反暴力”校园安全教育是践行国家安全观的重要基础条件，校园安全科普教育不够

党的二十大报告再次强调必须坚定不移贯彻总体国家安全观。③ 报告中提出：“我国要坚持以人民安全为宗旨……统筹外部安全和内部安全、国土安全和国民安全、传统安全和非传统安全、自身安全和共同安全……夯实国家安全和社会稳定基层基础……”④ 凸显了新时代党维护人民生命安全权利的新要求和决心。“人民安全”“国民安全”“内部安全”“传统安全”“自身安全”“共同安全”“基层基础”都凸显了人民生命的重要性，都与人民的生命安全密切相关。生命安全是国家安全建设的根本目的。“反暴力”校园安全教育针对的是青少年的生命安全权利保护，反映了国家安全和社会稳定建设所要求的“基层基础”现实。青少年时期是世界观、人生观、价值观可塑性强的时期，也是生命力脆弱的时期，生命更

---

① 卢一笑．校园里的“平庸之恶”——对校园暴力的反思［A］．2021 年基础教育发展研究高峰论坛论文集［C］．2021：289-291.

② 卢一笑．校园里的“平庸之恶”——对校园暴力的反思［A］．2021 年基础教育发展研究高峰论坛论文集［C］．2021：289-291.

③ 习近平．高举中国特色社会主义伟大旗帜，为全面建设社会主义现代化国家而团结奋斗——在中国共产党第二十次全国代表大会上的报告［Z］．北京：人民出版社，2022：33，44-45，52.

④ 习近平．高举中国特色社会主义伟大旗帜，为全面建设社会主义现代化国家而团结奋斗——在中国共产党第二十次全国代表大会上的报告［Z］．北京：人民出版社，2022：33，44-45，52.

需要得到保护，生命的意义更需要得到培育。践行国家安全观，需要在中小学生阶段抓好生命安全教育，从国家安全高度引导学生认识校园安全建设和国家安全维护的紧密联系，牢牢把握“自身安全”和“共同安全”这一新要求和内在关系，关注学生在安全教育实施过程中的所感、所想，积极寻求适合学生最能接受的教育方式和途径，培养学生生命安全和保护意识，提升自救、互救安全知识技能，让生命教育中的“真善美”遍及校园。

然而，从生命教育意义来看，“反暴力”校园安全教育在“教育为什么”“教育什么”和“怎样教育”方面还存在不足。具体来说，主要体现在对“反暴力”校园安全教育的认识缺深度、实施缺广度和力度上。据有关学者调查提出，“在学校，小学生和初中生打架的发生率是比较高的，然而对减少校园暴力而言，安全教育和法治教育的作用相对较弱，应该在评估的基础上进行改革”①。这一观点一定程度上说明生命安全教育需要加大深度、广度、力度，虽然在部分学校一定程度上认识到了安全教育的重要性，但是并没有上升到总体国家安全观的层面，对安全教育内涵的解读不够深刻，在对学生的生命教育认知上，更多强调生命自我保护，忽视了共同安全教育。对课程设置、运行体系建设受传统应试教育影响，许多工作仅停留在口号宣传和务虚会议强调上，忽视了实践教学及系统开展，生命安全知识技术科普教育力度明显欠缺，形式化主义现象严重，未能发挥出实际作用。

（三）“反暴力”校园安全教育是推动学生全面成长的重要基础条件，校园素质教育不够

党的二十大报告提出的“实施科教兴国战略，强化现代化建设人才支撑”②，为加快建设人才强国，全面推进中华民族伟大复兴指明了奋斗目标和努力方向。现代化建设人才的培养需要加强中小学生素质教育，全面贯彻党的教育方针，落实立德树人根本任务，塑造学生健全的人格修养，从中小学生时代开始强固人才培养根基，逐步培养德智体美劳全面发展的社

---

① 李月华，滕洪昌．中小学校园暴力调查与防治建议——基于师生比较的视角［J］．教育科学研究，2021（12）：12-19．

② 习近平．高举中国特色社会主义伟大旗帜，为全面建设社会主义现代化国家而团结奋斗——在中国共产党第二十次全国代表大会上的报告［Z］．北京：人民出版社，2022：33，44-45，52．

会主义建设者素质。马克思主义哲学认为，人的全面发展是“人以一种全面的方式，也就是说，作为一个完整的人，占有自己的全面的本质”① 的发展，即“精神、身体、个体性和社会性都得到普遍、充分而自由发展”②，强调了人的内在条件、外在表现均要与时代和社会发展相适应。教育家蔡元培先生在《中国人的修养》一书中也提出“决定孩子一生的不是学习成绩，而是健全的人格修养”，并提出了健康人格培育的德智体美劳“五育并举”的教育观点。“反暴力”校园安全教育，重在防范校园暴力，矫正、教化学生思想行为，使广大学生人格健全、素质全面，成长为与时代和社会发展相适应的社会主义建设者，因此必须重视学生的人格教育，重视学生全面素质发展教育。

然而，在我们党和政府一再提倡素质教育的同时，很多中小学校的素质教育却呈现出片面化、形式化、敷衍化，有的过多强调学生学习成绩，忽视学生人格教育。有调查发现，有些中小学校偏重知识水平教育，忽视对学生的心理问题、法律问题、体质问题、道德问题等素质问题的引导和教育，很多学校都没有开展过心理、法律等相关教育的培训，或者只是很少次数的培训。③ 素质教育的缺失往往会导致“问题学生”的人格更扭曲，滋生更多校园暴力行为；也会使受暴力的学生产生心理阴影和人格认知错误。有研究提出，遭受过校园暴力的孩子往往比正常的孩子做出暴力行为的可能性大很多，如果不能得到很好的引导可能会使其缺乏安全感，没有安全感的孩子也更有可能会产生一些人格的缺陷。④ 中小学生人生观、价值观可塑性强，但一旦因为校园暴力而产生自我否定的价值取向，会直接给自身人格的发展带来不利影响。

三、中小学校园暴力防治教育遵循的原则

教育是培养人的社会活动，教育对人的发展有着重要的作用，教育者往往根据社会的要求，传递社会生产和生活经验，促进人的发展，培养社

① 中共中央马克思恩格斯列宁斯大林著作编译局．马克思恩格斯全集（第 42 卷）［M］．北京：人民出版社，1979：123.

② 中共中央马克思恩格斯列宁斯大林著作编译局．马克思恩格斯文集（第 1 卷）［M］．北京：人民出版社，2009：571.

③ 杨阳．思想政治教育视角下中小学校园暴力问题研究［D］．长春：长春工业大学，2021.

④ 任文华．青少年学生校园暴力的实证研究［D］．重庆：重庆大学，2012.

会所需要的人才。从教育的角度，校园暴力防治的目的是防范、矫正和教化不良行为，因此有它必然要遵循的教育原则。

1. 生命安全教育原则。生命教育是教育的本质。教育的本源在于生命保护及其生命意义的实现。印度诗人泰戈尔说："教育的目的是应向人类传递生命的信息。"意大利教育家蒙台梭利说："教育的目的在于帮助生命的正常发展，教育就是助长生命发展的一切作为。"美国学者杰·唐纳·华特士提出，教育的真谛就是要关注人是怎样生长发育的，又是如何健康成长的。我国当代也有学者认为："生命是富有真善美的追求的，而教育在本质上是生命的和生活的……教育的价值就在于改善人的生活，充实人的生命。"当前也有很多学者认为安全教育就是生命教育，认为一切教育均应以生命保护为起点，保护自身不受威胁和伤害。认为教育是为了生命，教育应尊重、关爱和保护生命。生命安全教育更进一步凸显了教育的本质，解决了"教育为什么""教育什么"和"怎样教育"的根本问题。从生命意义的角度告诉我们，教育要尊重、珍爱、保护生命，更要"学会用生命来影响其他的生命"①，实现"生命教育的真善美"②。

2. 以人为本教育原则。以人为本是生命教育的根本要求，来自人本主义理论。美国心理学家马斯洛从人的动机出发，提出了著名的需求层次理论和自我实现理论，认为"人的生活需求是一个有层次的发展系统，由低到高依次为生理的需求、安全的需求、社交的需求、尊重的需求、自我实现的需求，既肯定低级需要的基本满足是高级需要产生的条件和基础，也肯定高级需要对低级需要有影响和制约"③。关于自我实现理论，马斯洛认为"自我实现就是人的天赋、潜能、才能等人性力量的充分实现，成为他所能成为的存在"④。生活需求层次理论告诉我们安全需要是人的基本需要，也是人生中最为重要的生活需求，教育中应加强人的生命安全教育。而自我实现理论则更加深了人们对教育本源的认识：教育应充分体现人的尊严和价值，积极倡导人的潜能的实现。健全人格的培育必须创造出积极的成长环境。人本主义理论回答了生命教育中什么是根本、什么最重要、

---

① 郭平．生命教育理论视域下小学校园安全教育问题研究——以中山市×学校为例［D］．西宁：青海师范大学，2018.

② 郭平．生命教育理论视域下小学校园安全教育问题研究——以中山市×学校为例［D］．西宁：青海师范大学，2018.

③ 李芬．马斯洛《动机与人格》述评［J］．哈尔滨学院学报，2006，27（7）：11-14.

④ 李芬．马斯洛《动机与人格》述评［J］．哈尔滨学院学报，2006，27（7）：11-14.

什么最值得大家关注。让我们的教育者在生命教育中更加“关注人的利益需求，着眼于促进生态和谐，赋予更多人道主义的价值使命”①，以更加积极的态度处理侵犯事件所导致的后果及其对未来影响的过程，实现“修复性正义”②。

3. 全面发展教育原则。人的全面发展是马克思主义教育思想的重要组成部分。马克思主义是我国社会主义社会建设的根本性指导思想。马克思主义教育观点认为教育以促进人的全面发展为根本目的。教育家蔡元培先生根据人的健全人格培育需要提出了德智体美劳“五育并举”的教育观点。我们党的教育方针也是一贯强调培养德智体美劳全面发展的社会主义建设者和接班人。人的生命意义以人的全面发展为载体，“从生命立场来看，教育是一项直接面向生命的事业，而且是为了促进人的精神生命主动发展的伟大事业”③，教育要做到德智体美劳五育并举，达到全面培养人的各种素质，使人的身心、精神、才能、个性全面而丰富地发展，实现“人以一种全面的方式，也就是说，作为一个完整的人，占有自己的全面的本质”④ 的目的。马克思主义教育理论是我们党开展教育事业的根本指导思想，我们党基于中国国情和时代特点，形成了符合中国教育事业发展的特色社会主义教育理论体系，强调在“培养什么人，怎么培养人”方面做到“坚持党的教育方针，坚持立德树人，坚持全面素质教育”。

四、中小学校园暴力防治教育深化路径

校园暴力不时发生，深化防治教育势在必行，要做到预防在先、治理在后，不断地对教育进行反思、改进，提高防治成效。作为教育的主阵地，学生在成长中的无知，需要学校教育者教育和引导。如何引导学生健康成长，杜绝校园暴力行为发生，要以党的二十大精神为指引，遵循生命安全教育原则、以人为本教育原则、全面发展教育原则，构建中国路径，

---

① 程力，沈晓敏．从惩戒到关系修复：北美校园暴力治理范式的转变［J］．全球教育展望，2022，51（4）：1128.

② Marshall，T. F. The evolution of restorative justice in britain［J］. European Journal on Criminal Policy and Research，1996（4）：21-43.

③ 郭平．生命教育理论视域下小学校园安全教育问题研究——以中山市×学校为例［D］．西宁：青海师范大学，2018.

④ 中共中央马克思恩格斯列宁斯大林著作编译局．马克思恩格斯全集（第42卷）［M］．北京：人民出版社，1979：123.

打造新时代中国式安全校园。

（一）融入文明校园，深化中国式文化教育环境建设

党的十八大以来，为深化中国特色社会主义建设，培育和践行社会主义核心价值观，提升社会主义精神文明，全国各级各类学校都在深入开展文明校园创建活动。文明校园创建活动提高了校园文化生活质量和校园文明程度，进一步改善了育人环境。校园是传承中国传统文化，创新传统文化形式和创造传统文化价值的主阵地，传统文化能否扎根校园教育，决定着我国培养人才的质量，决定着中国未来文明程度。中国的发展要有中国自己的文化思想，马克思主义指导中国现代化建设必须和中国文化相结合。习近平总书记在党的二十大报告中指出，“坚持和发展马克思主义，必须同中华优秀传统文化相结合，只有植根本国、本民族历史文化沃土，马克思主义真理之树才能根深叶茂”“推进文化自信自强，铸就社会主义文化新辉煌”“发展面向现代化、面向世界、面向未来的，民族的科学的大众的社会主义文化”“坚持创造性转化、创新性发展”。[①] 当前，深化文明校园建设要与祖国传统文化紧密结合，充分发挥我国优秀传统文化生命教育功能优势，坚持“社会主义核心价值观是魂，优秀传统文化是根，社会主义精神文明是本”的校园建设根本要求，采取符合人的成长规律的手段，符合学生生理心理阶段的，学生喜欢听、愿意做的方式方法去开展传统文化熏陶教育，创造性转化传统文化的育人价值，着力打造“高雅时尚、敦品励学”的校园文化，服务校园安全建设。要把“反暴力”校园安全教育融入校园文明建设中，通过深化传统文化教育影响学生思想行为，促进校园树立社会主义新风尚。

1. 提炼传统文化，构建校园特色文化课程。要紧紧围绕我国特色社会主义意识形态建设，根据中华民族文化类型、特点和功能，整理、提炼我国优秀传统文化，把诸子百家思想和丰富的民族文化形态融入思政教育教学建设中，构建、开设校园传统思想文化课程、校园传统道德文化课程、校园传统体育文化课程、校园传统艺术文化课程、校园传统法制文化课程等系列传统文化课程。

---

① 习近平．高举中国特色社会主义伟大旗帜，为全面建设社会主义现代化国家而团结奋斗——在中国共产党第二十次全国代表大会上的报告［Z］．北京：人民出版社，2022：33，44-45，52.

2. 精选文化名言名句名典故，点缀校园文化风景。要精选传统文化历史中的名人名言名句名典故，利用校园文化墙、校园警示栏、校园建筑标识物等载体，作为装饰校园文化风景的重要内容和工具，使校园处处都能展示中国文化元素，处处充满民族文化气息，处处都能让学生感受传统文化教育的存在。

3. 培育校园精神，开展校园特色文化活动。要深刻领悟中国式现代化的文化内涵，积极开展有中国特色的校园文化活动，通过深化建设，打造成有魅力的能展示校园形象的名片，如中华武术习练活动、传统体育竞赛活动、经典故事每周一讲活动、诗词朗诵竞赛活动、古典名著阅读活动、模范事迹报告活动、身边榜样我宣传活动等，引导学生感悟中华传统文化精神和思想精髓，培育快乐和谐、自信自强、团结互助的新时代校园精神。

（二）融入智慧校园，深化中国式科普教育环境建设

习近平总书记在党的二十大报告中指出，“加强国家科普能力建设”“提高全社会文明程度”。新时代，科普对我国特色社会主义精神文明建设越来越重要，科普教育成为现代化国家建设的重要手段。学校作为教育的重要阵地，校园科普无疑也最能体现国家科普能力建设的成效。教育即生命，教育的首要任务就是保护生命。在学校全学段教育中，我们要把生命安全、生命保护思想贯穿于教育始终，面向学生广泛科普各种自救、互救的知识技能，培育学生生命保护意识和能力。智慧校园，是指以物联网为基础的智慧化的校园工作、学习和生活一体化环境。它涵盖多个方面，涉及多个领域，是融合教学、学习和管理的现代化服务手段。要充分利用智慧校园这一现代化服务途径，把“反暴力”校园安全教育作为安全教育的重要部分融入智慧校园建设中，加强“反暴力”安全教育相关知识技术的科普建设，构建具有中国特色的科普教育环境。

1. 建好智慧教育课堂，开展科普数字化教育。要利用“互联网+”技术，构建移动平台。根据校园安全建设需要，构建智慧课程、开展智慧讲座、智慧报告、智慧辅导、智慧教学，为学生讲好案例、讲好故事、讲好榜样。通过移动终端，构建校园安全 App，向学生科普校园暴力防范、应对的知识、技术，培育学生防范、应对的基本能力。

2. 组建智慧教育团队，开展科普联合教育。要统筹好师资队伍，加强与社会各界的联系，组建由政府部门工作人员、社会企业人士、学生家

长、学校教师，以及相关领域专家、学者组成的优秀教育团队，联合开展科普教育。

3. 做好智慧教育规划，形成科普教育体系。要根据学生成长规律和生理特点，结合校园暴力前期防范、应急处置、后期修复等环节的教学需要，从课程、教材、内容、师资、活动计划、教学需求、授课形式等方面做好设计规划建设，形成覆盖全学段教育的系统化的科普教育体系，全面有序地开展科普教育。

4. 改进智慧教育平台，创新科普知识技术。要通过信息化应用，及时发现建设过程中存在的问题，予以迭代改进，使智慧校园提供的各类服务平台能够有力支持“反暴力”安全知识技术科普教育的实施。同时，不断学习新知识、新技术，把人文知识、社会知识、自然科学知识融合到一起，不断更新科普内容，激发学生兴趣。

（三）融入健康校园，深化中国式素质教育环境建设

马克思主义认为人的全面发展是精神和身体、个体性和社会性均得到自由发展。人的德智体美劳全面发展，除了要求体质和心理健康外，也是对政治、道德、法制的综合要求。素质教育除了身心教育外，也包括思想政治教育，涵盖受教育者的政治、道德、法制教育。① 思想政治教育的目的在于“使受教育者的心理更加健康，同时更加了解政治与法制的思想内涵，并时刻约束自己，使思想与行为相统一”②。因此，中国式素质教育是集体质、心理、政治、法制、道德于一体的马克思主义思想品质教育。健康校园是践行习近平新时代中国特色社会主义思想的具体的社会治理实践要求。我国学校教育的目的是培养马克思主义思想品质的社会主义建设者，能充分适应我国特色社会主义建设的劳动者。把“反暴力”校园安全教育融入健康校园建设中，深化中国式素质教育环境建设，这是新时代马克思主义教育理论中国化运用的实践要求。素质全面发展，才能更好地建设和谐社会，加快祖国伟大复兴进程。学校教育要强化素质全面发展教育，努力发展学生健康的思想、健康的身体、健康的道德情感，为杜绝校园暴力创造良好的个体条件。

1. 要完善素质课程体系，培养学生综合素质。要把政治、道德、法

---

① 郑永廷．思想政治教育方法论（修订版）［M］．北京：高等教育出版社，2018.

② 杨阳．思想政治教育视角下中小学校园暴力问题研究［D］．长春：长春工业大学，2021.

制、体育、心理等相关知识纳入课程建设中，开发和完善系列素质课程，如社会文明与行为规范课程、体育与健康课程、挫折与心理调适课程、思想政治与道德品质课程、校园暴力与防卫课程等，通过这些课程建设使学生素质在教学中得到综合提升。

2. 要优化教育方式，形成教育合力。一是要树立教师榜样，发挥教师示范作用。教师是学生的引路人，教师良好的一言一行对学生有着范式影响，因此要找典型、树榜样，激励教师积极向上，传播正能量，以光辉形象展示在学生面前。二是要深化线下教学，强化课堂练习。教学中要强调课堂学习训练的重要性，尤其是要给学生讲清为什么学、为什么练、怎么练，把知识、技术所内含的学理、道理、情理、法理讲明白、讲透彻。三是要加强政、社、家、校合作，开展协同教育。学校要及时与政府法治公安部门、社会企业事业机构、学生家庭沟通协作，利用各自的优势和资源，加强合作，共同发力，提高校园安全教育效果。

3. 要加大管理力度，助力安全教育。学校要高度重视防范管理，做到“两全四查三告知”①，提前防范校园暴力事件发生。一是教师要全员参与全域全时值班巡检，全员做学生成长的指导老师，要通过各种途径及时鉴别、发现和掌握易受害人群、易施害人群、易用于施暴的物品器械、易发案的时间地点，以便采取措施，做好预防。二是要在校园旗帜鲜明地开展“反暴力”校园安全教育，把校园暴力的危害、特征、教育责任，以及校园安全观、国家安全观告知全体学生、全体教师、全体家长，做到全员知晓校园暴力、全员预防校园暴力、共同治理校园暴力。

① 戴兴华，张红永，雷帅，等．校园欺凌及防治机制建设［J］．教育视野，2022（7）：22-24.

专题六　武术教育：中小学校园暴力治理教育重要路径

武术是中华民族传统文化瑰宝，是集思想、知识、技术于一体的民族体育项目。新时代，广大青少年应从弘扬中华武术中构筑精气神，各中小学也应深入思考如何把这些优秀的人文知识、身体技术通过学校教育传递到广大的学生中去，引导青少年学生全面成长，为中国式现代化建设培养德智体美劳全面发展的建设人才奠定身体基础。当前武术教育在新时代将发挥什么样的作用也得到了很多学者的研究重视。例如，有学者认为武术教育可以满足学生对社会适应能力的需要①②，还有学者提出武术教育对青少年在身体、技能、品行、人格等方面具有全人格塑造功能，③ 等等。总之，更多学者站在中国发展角度，高度认可武术对人的全面发展的育人功能。然而，在教育实践中，因为中小学武术教学实践滞后，诸如武术知识、技术教学的分割，技术教学的片面，教学方式的单一，等等，武术教育本应承担的塑造新时代青少年中华精气神的时代使命难以充分实现，新时代武术教育功效与习近平总书记提出的“从中华优秀传统文化中汲取丰富营养，提倡和弘扬社会主义核心价值观”④“培养德智体美劳全面发展的社会主义建设者和接班人”⑤ 的教育目标有较大差距。因此，面对校园暴力行为，深入认识武术教育的本体价值和时代需要，审视中小学武术教育困囿，加强中小学武术教育创新改革，就是希望能深入认识武术教育，对接社会治理实际需要，创造武术新价值，服务校园安全建设。武术教育能

① 刘彩平，郭义军．当代学校武术教育价值——人的社会适应能力发展［J］．北京体育大学学报，2011，34（2）：83-86.

② 王明建．武术教育价值的重审与再释［J］．成都体育学院学报，2010，36（12）：43-45.

③ 金玉柱，赵倩，陈保学，等．学校武术的生命力——以关键词为视角的学术史叙事［J］．体育与科学，2022，43（4）：62-67.

④ 从中华优秀传统文化中汲取营养和智慧［EB/OL］．文化中国．中国青年网.

⑤ 习近平．培养德智体美劳全面发展的社会主义建设者和接班人［J］．创造，2024，32（12）：1-4.

不能赋能校园暴力防治，要看其能否为学校教育带来“育人”功能，能否促进学生身心健康成长，能否帮助一些“问题”学生走向健康成长轨道。当前，以党的二十大精神为指引，加强基础教育建设，利用中国传统文化，寻找更多符合中国实际情况的教育措施，对强固我国国家安全根基意义重大。

一、武术教育的本体价值

武术作为中华民族优秀文化历史产物，有其本体价值存在。本体价值（Onto logical Value）作为事物发展“应该存在”“应该所是”的基础和最终依据，它是一种“价值承诺、价值理想和具有终极关怀性质的目的性价值”①。它提供的是对于事物以及对于这个世界的价值理想、价值目标的构想。因此，作为一种价值理想、终极性的价值目标，“本体价值是判断其他一切具体价值之合理性的最高准则和依据”②。而马克思主义哲学认为人是实践性的价值主体，人以及人的发展是一切教育活动的本体价值。从武术的产生和发展历程来看，武术是以“一种教化的文化”③ 存在的人的实践性活动，教育人如何生存，如何通过习练顿悟“练身、用技、修性”的内在要求，达到修身养性、术道并重、内外兼修，最终适用于社会。因此，依据马克思主义哲学观点，武术教育的本质在于如何影响人的发展，具体来说，武术教育的本体价值主要体现在以下几个方面：

（一）以武育德，推崇中华道德

武术自古就倡导道德教育，其本身蕴含的道德思想历来得到社会认可，并一直受到教育推行。例如，春秋战国时期军事家孙武认为：“将者，智、信、仁、勇、严也。”④ 明代军事家戚继光提出：“夫如是而教养之矣，养将之德也，养将之材也，养将之智识也。”⑤ 道出了道德作为军事人才要遵循的重要素质的重要性。近代武术教育家张之江曾指出：“智勇强健了

---

① 喻文德．论本体价值的建构［J］．求索，2007（6）：160-162.

② 付光槐，任一明．论中小学特色建设的价值取向——本体价值的偏离与回归［J］．教育科学研究，2015（7）：34-38.

③ 王岗．中国武术技术要义［M］．太原：山西科学技术出版社，2009：111-126.

④（春秋）孙武．孙子兵法［M］．藏宪柱，译．北京：北京联合出版公司，2015.

⑤（明）戚继光．练兵实纪［M］．邱心田，校释．北京：中华书局，2001.

以后，假使没有武德工作作基础，那么本领愈好，深恐为害愈大，学识愈高，为患作恶愈甚。”[①] 更是道出了道德教育对习武人的重要性。武术从产生、形成到发展为今天的多样化形态，形成了丰富的道德思想。以武育德，具体来说：

一是明大德，以国家利益为重。武术中的大德主要体现在习武人对国家民族危难时的民族气节上。[②] 例如，我国古代民族英雄文天祥、岳飞，以及侠士王五等，还有明代浴血抗倭的少林僧兵等，他们不只武艺高强，更重要的是他们的杀敌行为充分体现了习武人应有的自强不息的捍卫国家民族利益的英雄气节。

二是守公德，维护公平正义。武术中的公德主要体现在习武人对社会邪恶的见义勇为上。[③] 见义勇为是古代侠客义士行走江湖，立足社会的一贯作为，中华民族武林志士历来都非常重视“勇”和“义”，把“勇”和“义”视为行走江湖和立足社会的必备品质，以维护社会公平正义，因此一直都得到广大百姓的称颂。例如，清初内拳大师王来咸（征南）好行侠仗义，常常为人报仇雪恨。“有致金以仇其第者，绝之，曰：‘此以禽兽待我也。’”李白《侠客行》云：“十步杀一人，千里不留行。事了拂衣去，深藏身与名。”这些都是对古代行侠不图名、仗义不为利的武林人士道德形象的最好写照。

三是严私德，为人谦逊友善。武术中的私德主要体现在习武人待人处事的谦逊和善上。[④] 我国儒家思想历来主张仁爱之德，并一直主导着武术德行的发展，制约着习武人为人处世的基本态度，主张谦逊和善。例如，苌家拳之《初学条目》规定：“学拳宜以德行为先，凡事恭敬谦逊，不与人争，方是正人君子。学拳宜以涵养为本，举动间要心平气和，善气迎人。学拳宜作正大事情，不可恃艺为非，以至损行败德，辱身丧命。”再如，少林秘典《绘象罗汉行动》之《短打十戒》强调：“强横不义者不传。强横则为乱，无义则负恩。”而《昆吾剑箴言》载：“人品不端者不

---

① （民国）吕光华．记录：十九年元旦日：馆长张子姜先生讲演［J］．中央国术旬刊，1930（10）：17-19.

② 麻晨俊，高亮．具身武德：学校体育弘扬中华武德的理论选择与实践要求［J］．体育学研究，2023，37（3）：87-94.

③ 麻晨俊，高亮．具身武德：学校体育弘扬中华武德的理论选择与实践要求［J］．体育学研究，2023，37（3）：87-94.

④ 麻晨俊，高亮．具身武德：学校体育弘扬中华武德的理论选择与实践要求［J］．体育学研究，2023，37（3）：87-94.

传；不忠不孝者不传。”等等。这些德律很好地诠释了习武人在生活中应遵循的行为规范。

（二）以武育智，推崇中华智慧

武术在中华大地上产生和发展，吸取了中国百家文化精髓，涵盖了中华民族传统哲学、伦理学、兵学、美学、医学等多种知识成分和要素，形成了具有独立形态的思想体系，真实地体现了中华民族的生存智慧，体现了中华民族所形成的世界观、人生观、价值观，构成了区分世界其他民族的重要的文化基因。① 中华智慧是中华民族文化在发展中所展现出的生存理想、生存战略和生存策略，体现了人与人、人与社会、人与自然之间保持和谐关系的行为要求。从文化育人的本质来说，习武、练武、行武归根结底就是要求习武人在生活中能充分学习、运用、展现中华智慧。以武育智，具体来说：

一是促进和谐观的形成，融入大众生活，和谐与共。笔者对此有过感受和了解，笔者来自湖南新化民间武术世家，20 世纪 80 年代曾耳闻目睹了当地授武、习武、演武的活动过程。一般每年农闲之际或者寒暑假期间，当地拳师都会开展“教打”活动。教打整个过程是辛苦而快乐的，辛苦来自操练过程的身心承受和拳师的严格；快乐来自自身体验、同伴闲谈，以及对要拳的观赏。不论习武人，还是观武人，都能从习武演武活动中寻找很多趣味。② 不同的拳种套路通过不同人的演练，都能演绎其不同的味道，传递给大家不同的意蕴，带给大家不同的欣赏乐趣。有的可从习武者对动作的掌握、对劲力的把握、对技击的攻防展示抑或拳友比试之输赢，来感受功夫乐趣。而对习武者本人来说，除此之外，其对武术理法的参悟，更能让自己明白人生和谐之真谛。这符合毛泽东同志提出的“兴味生于进行，快乐生于结果”的体育功效观点。③

二是促进问题观的形成，客观认识事物现象，观言促行。习练武术，以“悟”为主，意在开发身体本能、激发身体表达能力，用正确的分析思

---

① 刘瑞强，赵健，李卓嘉，等．中国武术文化推广传播策略研究［J］．中国体育科技，2022，58（8）：109-113.

② 金玉柱，李晨然，李丽．趣味与性情：中国武术功夫实践的生活面相与人文观照［J］．体育与科学，2024，45（1）：65-72.

③ 中共中央文献研究室，中共湖南省委《毛泽东早期文稿》编辑组．毛泽东早期文稿［M］．长沙：湖南人民出版社，2013：60.

维认识事物表象，感受现象后面的本质存在，进而建立包容之心、圆融之度，做到遇事不躁、大局为重；或聚汇胆识谋略、“察言观色”，做到遇事随机应变、积极应对。例如，孙禄堂在《八卦拳学》一书中写道：“或指上而用之下，或指下而用之上；或指左而打右，或指前而打后，或指此而打彼；或彼刚而我柔，或彼柔而我刚，或彼矮而我高；或彼动而我静，或彼静而我动；或看地之形式，伸缩往来分别而用之。”① 这就是告诉习武者在习练八卦拳时，要通过对这些技理的理解，悟出矛盾规律，知道在动态变化的境况下采取不同的对策。长久练习，就会不断形成问题意识，并指引自身身体行为。

三是促进知行观的形成，知行合一，积极进取。武术来自生产劳动，是一项充满正能量的运动，许多道德思想、生存理念、知识技术都是从劳动中总结而来，体现了生产劳动中的勇敢奔放、吃苦耐劳等劳动品质，更是要求习武者心存积极、乐观、向上的生活心态。例如，武术谚语“冬练三九，夏练三伏”，这是习武的一个武术常识，指的是习练武术，贵在坚持，冬不避三九，夏不避三伏。人们在常年生活劳作中认识到坚持三九和三伏天的适度练习，可以促进心血管系统、呼吸系统和消化系统功能的发挥，既说明了训练时间上对时节选取的科学性，又是对训练行为上要求做到刻苦、有恒心的一个很好的喻示。武术的道德思想、人文理念、自然规律及不同拳种的技法、技理，都是通过习练来练养习武者的心智与思维的，习武者长久习练才会对“身心”“知行”“术道”的同一性有一个较好认知。

（三）以武育体，推崇中华自强精神

民主革命者梁启超先生曾向世人表明：“尚武之风不可不讲！尚武之风不可不兴！”② 道出了尚武对构筑民族自强不息精神的重要性。以武育体，目的就在于培育自卫能力和健康的身心体魄，进而构筑自强精神，于个体来说，防身自卫，立足社会；于民族来说，防御外敌，立足世界。

武术本源最初是人类为了在大自然环境中获得生存，创造一些身体技术与各种动物进行搏斗，这些技术随后逐步在军事战争、人类打斗中得到丰富创新，用以满足人类强身，抵御外来危险的需要。后来，在这个漫长

① 孙禄堂．孙禄堂武学集注：八卦拳学［M］．北京：北京科学技术出版社，2017.
② 梁启超．新民说［M］．沈阳：辽宁人民出版社，1994：185.

过程中，受我国诸子百家思想的影响，武术由“技击之法”向“技击之势”演变，[①]“最终演变成包含套路、功力功法和技击对抗的多样化形式，武术最原始的搏杀性能弱化，而‘先礼后兵’‘和合相处’‘生命为怀’等价值观充实了初衷”[②]。因此，习武健身也成为很多习武人对于习武需求的一部分。但无论是强身还是健身需要，这都是人类构筑自强精神的身体基础和保障。武术衍变虽然造成搏杀性能弱化，但攻防本质不变，攻防原理始终是武术发展的最核心概念。武术发展始终讲求攻防意识存在，要求通过攻防意识引导肢体行为变化。过去的老一辈武术家历来都重视攻防意识养成，如武术教育家王培锟先生提出武术“攻防技击意识”是武术的传统，提出“在武术的发展中，应将传统的技法用现代武术的方式予以展现”[③]，充分肯定了攻防意识对武术发展的重要性。据《吴越春秋·勾践阴谋外传》记载，古代民间剑术家越女为越王勾践讲述剑道，“内实精神，外示安仪，见之似好妇，夺之似惧虎，布形侯气，与神俱往，杳之若日，偏如腾兔”，更是形象地说明了攻防意识在习武中的存在以及重要性，这种意识就是对动作攻防含义及其攻防运行、转换的行为具体化的精神表现。它强调对攻防原理的理解，这种理解，一方面有利于帮助掌握动作的攻防意图，最终形成自身的防卫技能，面对危险有化解矛盾的方法；另一方面有利于真正了解和掌握动作要求，促进精气神的塑造。另外，武术丰富的形式、演练风格和运动特点，蕴含着很多拳理技理，长期有规律地练习，既可帮助调适心理、缓解压力和释放情绪，维持人体的身心平衡，亦可强化人的身体功能，提高人的运动能力，最终塑造人体之精气神。

二、武术教育赋能中小学校园暴力防治教育的时代需要

从本体论来看，教育是为生命活动服务的，是为了促进人的生命如何更有价值、更有意义地主动发展的事业。[④] 武术是促进人的身心健康和生

---

① 周维方．场域和身体认知：传统武术技击形象再塑造的依据与路径［J］．体育与科学，2019，40（2）：88-92.

② 陈永辉，雷军蓉．新时代传统武术助力我国国家精神形象的构筑研究［J］．沈阳体育学院学报，2021，40（2）：133-138.

③ 王培锟先生谈武术的继承与发展——上海体育大学武术学院（sus. edu. cn）［R/OL］．武术大视野，第 33 期：2018-12-13，2024-05-07.

④ 郭平．生命教育理论视域下小学校园安全教育问题研究——以中山市×学校为例［D］．西宁：青海师范大学，2018.

命安全的人体运动“科学技术”。从教育的本体论来看，武术教育与新时代我国人才培养教育要求有着内在联系，武术教育的本质就是引导学生正确认识、修正、调适自身的行为，促使自身融入人的全面发展教育环境中，使德智体得到全面锻炼，实现“人以一种全面的方式，也就是说，作为一个完整的人，占有自己的全面的本质”[①] 的生命教育目的。中小学教育是青少年成长的重要阶段，因此中小学武术教育应当在学生德智体培养方面体现出武术教育本体价值，助力学校营造“立德、明智、强体”的新时代校园文明环境。

（一）立德树人：武术教育赋能中小学校园暴力防治教育的根本目标

国无德不兴，人无德不立。德对于个人、社会和国家，都具有基础性意义。党的十八大以来，习近平总书记对广大学生明确提出了“明大德、守公德、严私德”的道德遵循要求。[②] 大德、公德、私德是基于国家、社会、个人三个层面的行为要求，无论哪个层面，道德教育对国家建设都具有重要意义，国家治理需要道德支撑，同样校园安全治理也需要道德支撑。新时代传承发展中华优秀传统文化，就是希望大力弘扬自强不息、敬业乐群、孝老爱亲、扶危济困、见义勇为等中华传统美德。

校园暴力防治最重要的就是如何促进中小学生道德的形成。中小学是青少年成长的最重要阶段，立德树人是新时代我国中小学教育的根本目的，无论大德、公德、私德，都是中小学开展道德教育要重视的，因为这是涉及培养什么人的问题，无论缺少哪个方面，都会影响青少年全面发展。武术是中国历史的产物，它的重要性就是凝练了厚实的道德思想。因其有大量道德元素存在，所以可以作为新时代我国中小学落实“立德树人”教育的一个有效工具。2013 年，教育部组织成立全国学校体育武术项目联盟，确立了“术道融合”“德艺兼修”“立德树人”的教育理念。[③]《中国武术发展五年规划（2016-2020 年）》也明确提出要大力实施武德教育。[④] 可以说，武德越来

① 中共中央马克思恩格斯列宁斯大林著作编译局．马克思恩格斯全集（第 42 卷）［M］．北京：人民出版社，1979：123.

② 杨晓慧．习近平总书记教育重要论述讲义［M］．北京：高等教育出版社，2020：45.

③ 赵光圣，戴国斌．我国学校武术教育现实困境与改革路径选择：写在“全国学校体育武术项目联盟”成立之际［J］．上海体育学院学报，2014，38（1）：84-88.

④ 孟涛，崔亚辉．新中国武术 70 年发展历程解读及当代思考［J］．首都体育学院学报，2019，31（5）：391-397.

越受到重视，成为开发武术教育价值的一个不可忽视的重要部分。从历史发展来看，武术所推崇的道德与今天所主张的道德要求具有一致性，中华武术主张的“谦逊和善、见义勇为、自强不息”等道德品质正是我们党提出开展立德树人教育所要求的，与当今我国社会治理要求的“互相帮助、扶危济困、乐善好施、助人为乐、智斗勇斗、见义勇为”等道德要求有异曲同工之处。当前，各中小学开展武术教育，要坚决遵循习近平总书记提出的“把立德树人融入思想道德教育、文化知识教育、社会实践教育各环节，贯穿基础教育、职业教育、高等教育各领域”① 的教育要求，切实抓好基础教育，抓实德育工作实效化，落实武术进校园普及工作，教育中小学生深入理解武术之大德、公德和私德，倡导中华道德，形成明德惟馨、崇德向善的内生动力，真正做到“明大德、守公德、严私德”，共同营造“以德为先”的文明校园。

（二）增智树人：武术教育赋能中小学校园暴力防治教育的重要目标

校园暴力治理需要学生利用中华智慧防范、化解暴力，因此如何培养中小学生成为有智慧的有用人才是学校教育的重要目标。“中华优秀传统文化为建构中国自主知识体系提供了深沉的文化自信，呈现了解析现代性问题的中华民族的主体之思。”② 武术文化包含着丰富的哲学、社会科学知识，新时代传承中华武术，就是要通过武术教育从中开启智慧之路，帮助中小学生知晓更多中华智慧，为我国特色社会主义建设中的现代性问题提供解决之道。

武术教育旨在帮助中小学生培育世界观、人生观、价值观，通过武术活动给学生灌输中华优秀传统文化，引导学生成长，使学生知晓中国传统道德思想和人文知识，并运用它们来合理解决一些社会问题，做一个有智慧的人，这就是对武术教育所包含的实现人的生命意义和价值的体现。因此，中小学武术教育要重视“全面发展学生思事、处事、行事的心智”教育③。人的社会存在，往往都是通过肢体和语言来表达的，表达自身内在

---

① 习近平．习近平著作选读（第二卷）［M］．北京：人民出版社，2023：203，201，486.

② 臧峰宇．形成建构中国自主知识体系的学术自觉［EB/OL］．求是网，2022-05-19；光明日报，2023-08-09.

③ 吴宣廷，吉灿忠．中学校武术“五育并举”多元育人的价值旨趣、现实困囿与实施路径［J］．山东体育学院学报，2024，40（1）：87-96.

的情感，传递自身的真实信息。从这个意义上说，身体表达就是一种素养，更是一种能力、智慧的体现。“教育的第一要务乃是发展学生的身体，给予学生用身体表达自我的时空，学会用身体表达自己的内心情感。”① 因此，中小学武术教育应该“注重通过对身体的体悟来从整体上开发身体本能、激发身体表达能力”②，培养中小学生各种身体素养，教会他们如何利用身体表达与他人和谐相处，如何认识危险、规避危险、应对危险、化解危险。当前，创建中小学文明校园环境，防治校园暴力行为，要积极开发中小学生思事、处事、行事的心智，提高对事物风险的发现、分析、判断、防范等能力。人不是孤立的，是集体、社会、所处环境的有机组成部分。各中小学要通过武术教育活动引导中小学生感悟中华人文思想，掌握人文知识技术，构建和谐观、问题观、知行观等发展思想，修身律己，倡导中华智慧，共同营造“益智明理”的文明校园。

（三）强体树人：武术教育赋能中小学校园暴力防治教育的必然目标

校园暴力防治需要中小学生拥有一个强健身体，拥有一些必需的安全防范技能，以应对各种暴力挑战，为自身生命安全提供基本的保障条件，因此培养学生尚武精神、传授学生基本的安全防卫技能是学校教育的必然目标。新时代所倡导的尚武不是争勇斗狠，而是强身健体，既拥有强健体魄保护自己，也有健康身心愉悦自己。我国哲学著作《易经》中《乾卦·象辞》有言：“天行健，君子以自强不息。”道出了人立于社会，要像天的运行一样具有自强不息精神的人生哲理。伟大领袖毛泽东同志曾说：“人不犯我，我不犯人，人若犯我，我必犯人。”③ 道出了人对待外侵应坚持的自卫原则，实际上反映的也是人要有自强自立的斗争精神。人自强，民族才能自强。这种自强精神来自哪里？就来自优秀传统文化。传统文化孕育着我们一代代先辈的自强精神，赋能他们奋发图强推动中华民族的发展；更孕育着我们一代代革命人士的自强精神，赋能他们奋发图强成立新中国，使新中国不断发展壮大。新时代我们仍然需要这种优秀养分孕育、培

① 李政涛．身体的“教育学意味”——兼论教育学研究的身体转向［J］．教育理论与实践，2006（6）：10.

② 时磊，陆小黑．武术教育与身体表达素养培育的关系性探析［J］．体育与科学，2024，45（1）：80-88.

③ 毛泽东选集（第2卷）［M］．北京：人民出版社，2009：749.

育自强精神，为民族复兴努力奋斗。

不难发现，新中国武术教育在学校的发展有一个明显的价值规律，即技击和健身作为核心价值反复彰显，而且其蕴含的价值元素随着社会发展而不断发生深化。[①] 这个规律告诉我们，新时代应当怎样利用武术教育开展校园安全建设。国家安全观是习近平总书记提出的重要的国家治理思想。校园安全是国家安全建设的最基础部分，也是学校教育的重要部分，需要我们积极倡导自强精神，营造安全环境。习近平总书记提出："要树立健康第一的教育理念，开齐开足体育课，帮助学生在体育锻炼中享受乐趣、增强体质、健全人格、锤炼意志。"[②] 实质上是寄希望学校通过体育教育培育学生自强不息的奋斗精神。当前，一些中小学不时发生校园安全事故，尤其校园暴力已严重影响学生人身安全。武术教育要承担起促进校园安全建设的重要责任。针对当前中小学校园暴力行为，武术教育的重任之一就是告诉学生如何防身、如何自强。正当防卫是法律赋予人的基本权利。教育的本质也是如何保护自身的安全。因此，武术教育应强调武术技击的真实应用，倡导学生在危险中敢用、能用、活用的自卫行为，真实反映出武术教育的本质功能。在黑格尔看来，"凡现象所表现的没有不在本质内的，凡在本质内的没有不表现于外的"[③]。学生能否做到用武术知识技术进行自卫，恰好能真实反映出我们的武术教育本质。所以，各中小学要正视校园安全问题和学生防卫需求的存在，落实健康第一的教育理念，深入开展武术教育，把强身健体思想真正内化到每位学生心中，让学生在武术教育活动中真正知晓强身健体的含义，掌握强身健体知识技术，自觉展现中华自强精神，营造"自强不息"的文明校园。

三、武术教育赋能中小学校园暴力防治教育的困囿

武术在现代发展中变得丰富多彩，并通过理论、技术、文化传授来教化于人。当前中小学武术教育虽然一直得到党和各级政府的重视，但学校

---

① 徐卫伟，魏婉怡，王昆．当代学校武术教育历程中的价值嬗变及新时代价值彰显路径［J］．北京体育大学学报，2023，46（7）：121-133.

② 习近平．习近平著作选读（第二卷）［M］．北京：人民出版社，2023：203，201，486.

③ 张世英．黑格尔《小逻辑》译注［M］．长春：吉林人民出版社，1982.

武术教育对学生成长的教育效果并不理想。① 当前中小学武术教育墨守成规居多，武术教学局限于传统的技术练习育人模式，过于强调技术动作外在的表象化的记忆感知，几乎成了武术教育发展的瓶颈，学生受益受限明显，具体来说：

一是重肢体模仿轻道德体验，学生武德思想内化虚泛化。一直以来，以文化表层为主的武术技术教学是武术教育的核心，而“深蕴武术文化的礼仪规范、武德观念等中深层文化层面却无形中被长期忽略了”②。武术教师的“言传身教”往往注重的是动作练习引导，教师长期以来都是通过“肢体”模仿教学来传授技术要求，强调学生通过身体练习熟练动作，忽略了通过动作体验传递知识情感，不注重思想层面的道德体验。尽管新时代“课程思政”教育政策提高了很多课程对德育的重视，但在很多中小学，武术课程道德教育深度远远不够。武术教师对武德的表述较为虚泛，没有实例、没有实体，更没有实践体验支撑，更多的是主观认知而来，不能结合历史环境、现实情况有针对性地进行课堂设计和讲解。例如，现实的违法案例、现实的校园暴力、历史典故、名人事迹等，没有这些，很难激发学生的思维理解。所以，学生对武德的内化也是虚泛的，从民族大德到社会公德再到个人私德，究竟如何体现、如何遵循、意义何在，没有明显的务实化的概念和体验感知。

二是重表象练习轻实质体悟，学生汲取中华智慧浅显化。不容置疑，武术不论是套路、散打，还是其他功力功法表现形式，都积聚了许多丰富的智慧文化。一般民间习武者往往都是在师父的指导下通过练拳、“玩”拳、比拳而顿悟各种拳法所蕴含的拳理技理，由此而促进心智成长。但是，在中小学武术教育中，教师采取的武术技术教、练、赛手段，往往注重的是对动作标准化、规范化的掌握，重形式化的技术熟练，轻实质化的知识体悟。对于“为什么要这么做”“不这么做会怎么样”，精神气力功是如何贯穿始终的，不能进行讲解强调，只讲解和强调动作“正确性”，不讲解和强调动作“法理性”，不能结合道德观、和谐观、整体观、强身观、健体观来讲解和强调武术“法理情”，使得学生在课堂的“学、练、赛”过程中难以真正体悟中华智慧，不能促进良好的“思事、处事、行事”思

---

① 王岗．对学校武术教育的历史回眸与当代发展的思考［J］．北京体育大学学报，2016，39（6）：90-95.

② 申国卿．“文化强省”视域下的中原高校武术教育发展战略研究［J］．山东体育学院学报，2011，27（11）：81.

维形成。

三是重健身要求轻防身体验，学生构筑自强精神片面化。开展武术教育，强身健体是必然目标，但在实际活动中，很多教师只强调武术的健身价值，而不关注武术的防身实效。实际上武术强身健体既包括健康身心也涵盖自我防卫技能，武术教育不能只强调某一方面。很多中小学武术教育，仍然是以国家既定的套路教学为主，而对抗性的武术教学仍然没有得到提倡。即便是套路教学，也很少讲解动作的攻防含义，以及更深层次的自卫精神要求，更无相应的诸如配套“对打”之类的拆招、体验练习，致使学生的防卫意识、防身技术、斗争精神明显欠缺，学生自强精神构筑片面化，只讲和谐、不讲斗争，只求自保、不讲互救。武术教学中这种片面的功能性引导很难让学生形成正确的强身健体观。目前，任何只重健身不重防身的武术教育，都不利于学生构筑健康的自强精神。

四、武术教育赋能中小学校园暴力防治教育的创新举措

武术教育本质上讲是一种强调身心合一、内外合一、物我合一的化人过程，这源于武术本身的具身认知特性，因为武术知识技术需要通过身体的参与与体验才能形成身体能力。具身认知，是一种依赖于主体的身体及身体感觉运动系统才得以生成的学习过程。广义上来讲，既强调身体的核心作用，也重视身体与环境之间的相互作用，是对认知、身体、环境的动态的统一。具身认知学习理论强调：认知源自身体的体验，身体的作用对认知形成是非常关键的，身体与环境之间的相互作用可以促进心智的发展。具身认知理论对武术教育来说，有利于我们形成新思想寻求新方法：各中小学开展武术教育活动，要强调学生身体的主动积极参与，做到身心一体化。同时，要充分利用校园文明环境治理，把控好认知、身体、环境动态的统一，注重人本性、情境性、体验性以及动态性的武术教学。

（一）树立新思想：融入校园文明建设，知武德促法治，练拳势促心智，习武技促安全

校园暴力防治是校园文明建设的重要部分。校园文明建设是一个综合体，涵盖了法治、道德、智慧、安全等方面。鉴于校园暴力防治的需要，武术教育不是强调某一方面价值，而是要实现其综合价值，因此要以其本

体价值为依据，全面落实到中小学校园文明建设中。

第一，要把武德思想教育融入校园法制建设中。校园文明离不开法制教育。在我国，道德是法律存在和发展的基础，法制建设“必须以道德滋养法治精神、强化道德对法治文化的支撑作用”①，新时代我们所提倡的文明校园就是一个以道德文化为基础的法制校园。武德与法制融合教育，有它存在的基础，因为武德中的“民族气节是武之高线，见义勇为是武之基线，谦逊和善是武之底线”②，这也是法制教育所要求的人的行为表现。民族气节是一种能“安天下之民”的大勇。一个人心怀大勇，自能豁达大度，随时为报效国家民族而献身。这种大勇是法律存在和实施的根本，也是法制教育的最高目标。武德提倡的见义勇为是匡扶正义的勇，是为扫除奸邪、为民除害而行的果敢之举，符合法律对不法行为打击的行为规定要求，也是法制教育所寄希望的主要目的所在。谦逊和善是为人处世的基本操守，它的本质就是仁爱，仁爱之心是遵法守法的根本性要求。因此，要结合法制教育开展武德思想教学。

第二，要把武术拳势教育融入校园学生智慧建设中。校园文明要以学生智慧为依托。中国武术充满智慧，不仅超越了最初的搏斗本质，而且更加注重“人的生命与内在精神人格的养成”③。习武是一个磨心炼智的体悟过程，我国道家的自然辩证观、阴阳五行学说，儒家和合观等东方思想融入武术发展中，构成了习武者的拳理和习拳之术，习武者“通过身体运动的外感形式，在拳理的规范下，实现武学修为之道，最终达到人自身之和谐、人与自然之和谐、人与社会之和谐的完美状态”④。新时代，中小学武术教育应当以开启学生生命智慧为重任，重视武术招武体悟教学创新，指导学生深入理解和吸收中华文化精髓，感悟生命意义，在对招武的理解和思维中益智明理。

第三，要把武术技能教育融入校园安全建设中。校园文明以生命安全为根本。生命安全是教育的本质。教育的本源在于生命保护及其生命意义的实现。安全教育凸显了教育的本质，解决了“教育为什么”“教育什么”

---

① 习近平．论坚持全面依法治国［M］．北京：中央文献出版社，2020：110，115-116.

② 麻晨俊，高亮．具身武德：学校体育弘扬中华武德的理论选择与实践要求［J］．体育学研究，2023，37（3）：87-94.

③ 王岗．质疑：技击是武术的本质特征［J］．北京体育大学学报，2009，32（1）：28-34.

④ 姜南，梁勤超，李源．中国国家形象建构中太极拳文化符号的运用［J］．武汉体育学院学报，2016，50（1）：54-58.

和“怎样教育”的根本问题。校园安全建设要严格遵循习近平总书记提出的国家安全观思想，重视安全基础建设，从学生安全教育做起。武术具有强身健体功效，学校要注重安防技术教育，以武术技能教学为主，实现帮助学生形成安全防范观念、建立安全防卫意识、学会安全救助技术的教学目的。

（二）创建新方法：开展“德法融合实证教学+招武体悟教学+安防体验教学”改革

在武德思想教育方面，要结合校园法治建设，加强开展武德和法律的融合实证教学。一方面要通过课堂教学讲好武林故事、武术戒律和违法案例；另一方面要借助课堂和节日活动做好训练和展演。课堂中要给学生讲授武术历史典故，或者武学戒律，或者违法案例、暴力实例，借助“三讲”，为学生讲透法理、事理、情理，既宣讲武德又宣讲法律制度。课前要做好案例、实例、故事的收集整理准备工作，以它们为载体进行武德讲授，让学生从这些实证中明白道德的重要性。要针对武德教育做好课堂设计，精心制作多媒体课件，针对中小学生各年龄阶段的生理特点，准备好实证素材，或设计好情境、拍摄好微视频、归纳好思想，做到有图、有视频、有文字、有讲解、有思想，能起到吸引人、警示人、感动人的效果。要针对违法行为以及见义勇为和团结互助行为，组织学生进行情境主题表演设计、编排、训练，利用校园节日进行表演和展示，通过这些主题表演和展示，向学生传递中华武德思想；同时也要在课堂教学中适时穿插一些情境演练，以学生行为表现再进行有针对性的武德讲授，帮助学生提高认知，促进消化吸收和提升练习积极性。

在武术增智教育方面，要重视“打练结合”教学。“打练结合”，是指技术单操练习和有条件的攻防对抗练习相结合的教学方式，是为了增加具身体验，遵循“势—法—术—智”教学思路，通过“武术—身体—方法”“武术—身体—技术”“武术—身体—道理”等多个交互嵌入方式来达到智慧传递的效果。“打练结合”要注意单式动作的提炼以及串联组合，满足各年龄阶段学生生理特点和武术需求特点。教师要发挥主导作用，引导学生在“打”中发现问题，在“练”中提高感知。要指导学生在配对配套练习中如何攻、如何防，如何轻、如何重，如何进、如何退。适时提醒学生在拳拳对练中体悟威武不能屈的民族气节之大德；在“知轻重、知进退、知分寸”的练习中体悟见义勇为之公德和谦逊和善之私德；[①] 在“你来我往”对练中体悟自强精神；在“你退我进”“你进我退”的攻防对打中体悟“攻中有防”“防中有攻”等对立统一的技击原理；在踢腿、冲拳、跳跃等动作练习中体悟劲力顺达、前弓后箭、力达脚尖、拧腰顺肩、闪转腾挪等运动技术方法，努力让学生“乐”起来，让场景“活”起来，最终形成知、情、意、行相统一的武术意识。同时，要完善评价方法，鼓励学生通过微视频、演练、竞赛、表演等多种展示方式来体现自我，多角度、多方式评价学生学习表现，激发学生自主练习自主思维积极性。

在武术安全教育方面，要注重安防技术体验教学，要针对校园暴力行为，让学生通过对暴力反抗的体验，形成防卫意识。体验教学是通过设计一些情境，让学生体验接近真实场景感受的教学方法，具有“形真、情切、意远”[②] 的特点，开展安防技术体验教学，要借助相关的暴力实例，创设暴力情境，组织学生参与角色扮演和情景体验，通过暴力情境行为的现场生成，及时进行讲解提示，帮助学生形成正确的自卫概念，懂得该如何使用技术达到合理的自救、互救目的。同时，要辅以安全防范和自卫知识讲授，要让学生能全面认识如何才能做到安全、合理、合法的自卫。例如，校园暴力行为的特点、危害；人的身体击打部位及相关生理知识；击打要害部位的生理反应与后果；校园暴力行为的识别、判断；法律规定的正当防卫要求；防卫技术使用原则；等等。开展安防体验教学，还要及时辅以功力功法和拆招练习。功力功法是技术运用的基础，长久习练不但能提高技术运用能力，还能磨炼心智，培育自强精神。练习中要辅以一些适宜的、简单的力量速度练习，配合功力功法练习，提高习练效果。要拆解动作，与学生讲解攻防含义，并辅以攻防配对练习，让学生知道用意，再通过反复打练体验训练，熟练技术，逐步形成攻防意识。

---

① 麻晨俊，高亮．具身武德：学校体育弘扬中华武德的理论选择与实践要求［J］．体育学研究，2023，37（3）：87-94.

② 王灿明．情境教育四十年的回顾与前瞻［J］．南通大学学报（社会科学版），2020，36（2）：132-140.

专题七 “校园暴力与防卫”课程开发：中小学校园暴力防治教育新思考

发展新质生产力是新时期我国推动高质量发展的内在要求和重要着力点，基础教育如何借“新”突破，赋能新质生产力，培养高质量德智体美劳全面发展的青少年学生，是时代赋予中小学的新命题、新使命。新质教育的本质就是为了满足新质生产力发展，培养有“新思想、新知识、新技能等新素质劳动者”[①]，并以“培养全民的新素质为目标”[②]。所以，新时代中小学赋能新质生产力的关键就是开发新质基础课程，筑牢学生优质核心素养。习近平总书记在给人民教育出版社老同志的回信中，强调“坚持正确政治方向，弘扬优良传统，推进改革创新，用心打造培根铸魂、启智增慧的精品教材”。[③] 因此，教材必须坚持马克思主义的指导地位，体现马克思主义中国化最新成果，体现中国和中华民族风格，体现党和国家对教育的基本要求，体现国家和民族基本价值观，体现人类文化知识积累和创新成果。[④] 中小学教育课程规定了教育目标、教育内容和教学基本要求，体现了国家意志，在立德树人中发挥着关键作用。随着义务教育全面普及，教育需求从“有学上”转向“上好学”，必须进一步明确“培养什么人、怎样培养人、为谁培养人”，优化学校育人蓝图。当今世界科技进步日新月异，网络新媒体迅速普及，人们的生活、学习、工作方式不断改变，青少年成长环境持续变化，人才培养面临新挑战。中小学义务教育课程必须与时俱进，不断优化改进调整完善。面对校园暴力以及社会暴力现象这一社会问题，在《义务教育课程方案》（2022 年版）指导下，各级教

---

① 王竹立．新质教育：从理念构想到实施路径［J］．现代远程教育研究，2024，36（4）：30-37.

② 王竹立．新质教育：从理念构想到实施路径［J］．现代远程教育研究，2024，36（4）：30-37.

③ 黄强．培根铸魂，启智增慧（思想纵横）［N］．人民日报，2021-02-19（9）.

④ 尺寸教材，悠悠国事——全面落实教材建设国家事权［EB/OL］．中工理论，中工网．2020-01-21.

育行政机构、学校，以及教育科研工作者如何研发一些新质基础课程，对学生成长、培育学生优质核心素养意义重大。

一、“校园暴力与防卫”课程开发的意义

（一）从宏观层面说，是总体国家安全观在基层基础的落实践行

总体国家安全观是一个内容丰富、开放包容、不断发展的思想体系，其核心要义可以概括为五大要素和五对关系。五大要素就是要以人民安全为宗旨，以政治安全为根本，以经济安全为基础，以军事、科技、文化、社会安全为保障，以促进国际安全为依托。五对关系就是既重视发展问题，又重视安全问题；既重视外部安全，又重视内部安全；既重视国土安全，又重视国民安全；既重视传统安全，又重视非传统安全；既重视自身安全，又重视共同安全。总之，厘清五大要素、把握五对关系，是理解总体国家安全观的关键所在。从五大要素和五对关系中我们可以发现学校安全建设的重要性。其一，总体国家安全观以人民安全为宗旨，那么人民安全必然包括中小学生的生命安全，中小学生面对暴力如何保障自身安全，这是总体国家安全观落实践行不可忽视的部分；其二，总体国家安全观以社会安全为保障，校园是社会的重要组成部分，学生是构成未来建设者的重要群体，一些地方校园暴力时而发生，凸显了校园安全存在的问题，这势必会影响社会安全建设的整体成效，这也是总体国家安全观落实践行要重视的部分；其三，总体国家安全观强调内部安全、国民安全、自身安全、共同安全，也就是说，国家必须保护每一个国民，而且要提供基本的技能学习培训，满足国民自身安全、共同安全保障需求。因此，中小学开发相关新质课程，也是总体国家安全观落实践行的重要方面。“校园暴力与防卫”课程开发是对基础课程创新优化的一个新构思，有它存在的理论和现实合理性，值得各级教育行政机构、学校，以及教育科研工作者在开发与建设方面做进一步探讨。

（二）从中观层面说，是校园安全建设的重要体现部分

教育的本质就是生命教育。教育的本源在于生命保护及其生命意义的实现。“从生命立场来看，教育是一项直接面向生命的事业，而且是为了

促进人的精神生命主动发展的伟大事业。”① 校园安全建设是总体国家安全观落实与践行的最基层、最基础部分，虽为最基层、最基础，但每一项涉及安全的工作都很重要，因为它事关学生生命安全和成长质量，所以校园安全建设也是中小学开展教育最根本的任务。学校安全工作是保障学生和教职员工生命安全、身体健康的重要工作，包括校园安全设施建设、安全管理制度建设、安全教育与培训、安全巡查与监控、应急预案与危机处理、安全文化建设、食品安全与营养健康、心理健康教育与咨询服务、防止校园暴力与欺凌以及与家长的沟通与合作等多个方面。通过这些工作，学校能够提升校园安全保障水平，为师生创造一个安全、和谐、稳定的学习环境，推动学校教育事业的健康发展。马克思主义认为：“劳动将和教育相结合，从而保证多方面的技术训练和科学教育的实践基础。”② 学校安全工作是社会主义劳动的重要方面，是保障学生生命安全和生命意义得以实现的重要基础工作，针对学生直接面对的校园暴力和欺凌行为，开展相关技术训练课程教学，保障学生生命安全和维护自由权利需求，是学校教育必须要做到的。因此，开发“校园暴力与防卫”课程，是校园安全建设的重要体现部分。

（三）从微观层面说，是学生维护权利、履行义务的重要保障

校园暴力和欺凌行为是与文明相悖的反社会行为。人类发展要求人人平等，构建和谐有序的自由社会。当这种和谐被打破时，需要人们站出来抵制，这就涉及个体的权利与义务关系，个体维护自身权利，也必须履行自身义务。防卫、抵制暴力是每个个体应该履行的义务，否则就无法获取自由权利。因此，学校开发相关课程，满足学生技术学习训练需要，是学生维护自身权利、履行自身义务的重要保障条件。另外，维护权利与履行义务的手段实施需要有个体的精神和身体条件支撑。体质和精神是人生存于人类社会、活得有意义不可或缺的重要因素，然而体质和精神对人的作用是有条件的，真正实现它们的作用力，二者缺一不可。毛泽东同志曾

---

① 郭平．生命教育理论视域下小学校园安全教育问题研究——以中山市×学校为例［D］．西宁：青海师范大学，2018.

② 中共中央马克思恩格斯列宁斯大林著作编译局．马克思恩格斯选集（第3卷）［M］．北京：人民出版社，2012：360.

说：欲文明其精神，必先野蛮其体魄。① 无体便无德智也。② 充分说明了野蛮体魄与文明精神，体质与精神（道德与智慧的共同融合）之间的高度关联。有良好的身体条件，在精神的推动下人们才能实现改造社会的目标；没有身体条件，固然有雄心壮志，也终究有心无力。面对暴力行为的存在，学校开发相关新质技术训练课程，就是为了达到育体质、提精神的教育目的，保障学生有强身之本领，抵制可能发生的各种暴力行为，这也是学生维护权利、履行义务的重要保障体现。

二、中小学生对校园暴力防卫的现实需求

（一）社会有各种暴力行为存在，学生需要自卫

中国青少年研究中心“青少年法治教育研究”课题组在 2020 年至 2022 年针对 3108 名未成年学生的调研显示，53.5%的学生遭受过校园欺凌。③ 根据最高人民法院 2018 年发布的官方报告，④ 2015 年至 2017 年的 3 年间，全国各级人民法院一审审结校园暴力案件近 2700 件，平均每年近 900 件。该报告指出，案件中受害人死亡占比 11.59%，重伤占比 31.87%。同样来自最高人民法院关于校园暴力案件的调研报告指出⑤：在 2013—2015 年各级法院审结生效的 100 件校园暴力刑事案件中，针对人身的暴力伤害比例最高，其中故意伤害罪占 57%，故意杀人罪占 6%，寻衅滋事罪占 10%，性侵、侵财犯罪各占 12%，聚众斗殴罪与绑架罪分别占 2%、1%。另外，有学者在一项针对五个省份初、高中生的调查中发现，有 81.4%的人曾目睹校园暴力，34.7%的人更是曾多次目睹。⑥ 还有学者在某

① 中共中央文献研究室，中共湖南省委．毛泽东早期文稿［M］．长沙：湖南人民出版社，2008：60.

② 中共中央文献研究室，中共湖南省委．毛泽东早期文稿［M］．长沙：湖南人民出版社，2008：57.

③ 校园欺凌频频发生，一旦出现及时进行心理干预［EB/OL］．中国网（china.com.cn）．2023-05-29.

④ 张毅蓉．我国校园暴力现状及防治措施［J］．黑龙江省政法管理干部学院学报，2019（2）：44-48.

⑤ 彭波，马文静．2003 年至 2015 年，全国检察机关共批准逮捕未成年犯罪嫌疑人 92 万余人如何避免迷途少年一错再错［N］．人民日报，2016-08-24.

⑥ 宋雁慧，李志君，秦颖雪．校园暴力旁观者的调查研究［J］．中国教师，2013（15）：46-50.

学校调查发现：有67.1%的学生目睹过校园暴力现象，其中47.1%的学生看到过一两次，13.6%的学生目睹校园暴力的频率为一月两三次，一周看到两三次校园暴力的初中生占6.4%。由此可见，校园暴力并非偶然事件，在初中校园里普遍存在。[①] 这些调查和数据表明，学生暴力行为及其危害不能忽视。还有一些发生在校园外的社会人员针对学生个体的极端暴力事件也时有报道，而且造成学生受伤甚至死亡。所以，针对这些暴力行为和伤害，学生需要相关技术自卫。

（二）学生自卫能力缺乏，需要学习和训练

有记者采访湖南、河南、广东、浙江、江苏、山东等地10余名曾遭遇校园欺凌的学生发现[②]：多数学生受到欺凌后，不敢及时告诉家长和老师。受害者常常是长期忍受欺凌，不知怎样拒绝反抗欺凌和求助，造成欺凌者越来越霸道，受害者越来越弱小。我们也可以从两个具体的调查事件发现学生面对欺凌行为时自身的表现情况。

事件1：班上一女生说我坏话，我让她道歉，但是她态度不够好，我跟我那群姐妹说了这事，她们就怂恿我“干她”。第二天中午她去上厕所时，被我一个姐妹扯着头发不准她回去，另外一个就去扇了她几耳光，还有两个抓着她的手，我让她跪着跟我说句对不起，这件事就算过去了，可是她不愿意跪。当时围观的同学也多了些，还有人拿着手机一边录视频一边笑，我们觉得这场景特别能显示我们的威风，我直接过去朝她肚子踢了几脚，然后威胁她要是不道歉的话，以后会在校门口堵她，还要拍视频发网上，让大家都“认识”她，最后她给我下跪道歉了，我就没有再为难她了。[③]

事件2：有一次我们学校好几个男生在校外把一个男生围在角落用砖头打，我看到他流血了，当时围观的不算多，大家就在那看着，还有人在笑，我没看到别人去制止，后来其中一个施暴者说了句“算了，这样会把

① 段水莲，唐思敏．基于旁观者视角的初中生校园暴力防治研究——以湖南省怀化市某初中为例［J］．青少年学刊，2020（5）：43-49.

② 汪宁．调查：53.5%的学生遭受过校园欺凌，身心伤害深远［EB/OL］．心理中国—中国网（china.com.cn）．2024-04-25.

③ 段水莲，唐思敏．基于旁观者视角的初中生校园暴力防治研究——以湖南省怀化市某初中为例［J］．青少年学刊，2020（5）：43-49.

人打死的”，接着就有一些人上去把他们推到一边，过了会就散了。①

从以上两个实例可以看出：事件中的受害者对于这些欺凌行为是束手无策的，他们没有应有的捍卫人的尊严的自卫能力，任由欺凌者实施暴力。这种不知怎样反抗欺凌和求助，可能来自受害者害怕的心理，但也归根于受害者自身缺乏应有的自卫技能，考虑到自身“打”不过，“跑”不掉，所以不如乖乖听“训”受“罚”。这种心理认识不光是受害者，旁观者也多是此类想法。学者段水莲等发现，“初中生在充当旁观者时会考虑一个因素：力量比较。在访谈的21名旁观者中，有16名初中生在介入前会先做风险评估，即帮助受害者会不会给自己造成威胁。当施暴者人很多时，旁观者更易说服自己：我没有能力帮助他，并且与我无关”②。研究证明，“曾经的助人经验会对以后助人行为造成积极或消极影响。倘若一个人以前成功制止过校园暴力并且没有对自己造成威胁，下一次遇到暴力情况时其助人可能性会更大，但大多初中生没有相关助人经验，因而较难触发积极干预行为”③。这恰恰说明我们的学生绝大多数在安全防卫技能方面是缺乏的，需要我们提供环境和条件满足学生学习需求。

（三）学生心智未成熟，需要专门的课程提高认知力

中学生处于生理成长期，心智不成熟，对事物的认知和分辨存在差距。不论是施暴者、受害者还是旁观者、附和者，他们对事物的正确认知存在不足，尤其在小学生和初中生阶段，这部分年龄阶段的学生相比高中生、大学生的心智还是有差距的，所以欺凌发生率高，学生不敢作为也多。有研究认为：“小学高年级和初中是学生欺凌行为发生率相对较高的阶段，进入高中后，欺凌发生率开始降低。这可能是因为小学高年级学生年龄较小，还没有学会尊重，再加上进入青春早期，心智和心理都还不成熟，容易受同伴影响；而初中生进入青春期后，成人意识越来越强烈，但心智和心理仍然不成熟，爱面子、莽撞冒失、不善于控制情绪，很容易因

---

① 段水莲，唐思敏．基于旁观者视角的初中生校园暴力防治研究——以湖南省怀化市某初中为例［J］．青少年学刊，2020（5）：43-49.

② 段水莲，唐思敏．基于旁观者视角的初中生校园暴力防治研究——以湖南省怀化市某初中为例［J］．青少年学刊，2020（5）：43-49.

③ 段水莲，唐思敏．基于旁观者视角的初中生校园暴力防治研究——以湖南省怀化市某初中为例［J］．青少年学刊，2020（5）：43-49.

为一点事情就感觉没面子而情绪失控；到了高中，学生们的社会化程度逐渐提高，辨别是非的能力也变强起来。”① 学者宋雁慧等在调查中发现，当被问及“当下看见校园暴力的做法”时，近50%的学生选择了不作为，而选择立刻上去阻止的只有2.5%。② 说明一个问题：学生心智不成熟，不能正确分析、认知，也就不能做出正确的阻止行为。有些旁观者不直接介入暴力事件，而是拍摄视频，上传至网络社交平台，他们的行为不是为了伸张正义而曝光这些不文明行为，让施暴者受到惩戒，而是为了炫耀这些暴力行为，彰显施暴者的为所欲为，所以往往会给受害者带来持续伤害，这也显示出这些旁观者的无知和不成熟心理。另外研究发现，“旁观者与当事者的关系会影响其进行角色选择，当旁观者的朋友是受害者时，旁观者很少会在乎暴力双方的对错，大部分选择进行正向干预；当其朋友为施暴者时，大多选择充当局外者，少数会加入施暴或劝阻；当当事者是陌生人时，旁观者几乎都会充当局外者”。③ 这说明一些“中小学生对暴力行为的态度，其情感及行为存在着显著差异，相对于行为倾向，情感上显得更为积极”④，他们往往不是根据事物本身的正确来决定自己该怎么做，而是根据与当事者的关系来决定自己怎么做。因此，需要开设专门课程有针对性地教育引导提高学生的认知能力。

（四）正视安全问题存在，需要新质课程协同推进

按照国家政策要求，青少年的健康成长需要基础教育贯彻实施青少年生命安全教育。《义务教育课程方案》（2022年版）明确提出：要坚持问题导向，全面梳理课程改革的困难与问题，注重对实际问题的有效回应。要遵循学生身心发展规律，加强一体化设置，促进学段衔接，提升课程科学性和系统性。要进一步精选对学生终身发展有价值的课程内容，减负提质。细化育人目标，明确实施要求，增强课程指导性和可操作性。针对当前校园暴力防治实际情况，《加强中小学生欺凌综合治理方案》明确指出：

---

① 刘京翠．学生个体因素对校园欺凌的影响研究——基于我国十五省（市）的调查和实验学校的访谈数据［EB/OL］．光明网，腾讯新闻（qq. com）．2021-12-25.

② 宋雁慧，孛志君，秦颖雪．校园暴力旁观者的调查研究［J］．中国教师，2013（15）：46-50.

③ 段水莲，唐思敏．基于旁观者视角的初中生校园暴力防治研究——以湖南省怀化市某初中为例［J］．青少年学刊，2020（5）：43-49.

④ 张文新，王益文，鞠玉翠，等．儿童欺负行为的类型及其相关因素［J］．心理发展与教育，2001（1）：12-17.

中小学校要通过每学期开学时集中开展教育、学期中在道德与法治等课程中专门设置教学模块等方式，定期对中小学生进行学生欺凌防治专题教育。学校共青团、少先队组织要配合学校开展好法治宣传教育、安全自护教育。各地中小学不同程度均开展了相关教育教学建设，一定程度上提高了防治质量。但是仍然还有很大空间需要我们深入建设。目前，学校开设的相关课程不足以满足学生安全防卫需要。九年制义务教育课程中的“道德与法治”课程、“体育与健康”课程是要求有涉及校园暴力防治等相关知识的教授，同样高中课程中思想政治课程、“体育与健康”课程也是有这方面要求的。但这些课程只是穿插相关知识讲授，不是专门的课程讲授，知识技术不具有系统性，很难让学生深入认知和掌握，这也是课程设置与原则不一致的表现。《义务教育课程方案》（2022 年版）也明确了学校可以在满足国家课程设置的基础上，根据实际需要开设地方课程和增设校本课程，这为“校园暴力与防卫”课程开发提供了指导依据。地方课程与校本课程是对新质课程的一个很好的补充，新质课程是在新质生产力的基础上提出的课程新概念①，特点是创新，关键在质优，本质是先进生产力。即充分体现新课程在人才培养方面具备的高科技、高效能、高质量。因此如何开发“校园暴力与防卫”课程，培养学生安全意识，构建安全防范思维，提高防卫技能，这也是为了保障学校安全建设优质发展的重要体现。

三、“校园暴力与防卫”课程开发与建设的内在要素

（一）教学内容规范性

内容规范性、完整性是开展教学的必要条件。校园暴力防治教育涉及思想道德、法律、心理、文化、体育技能等多种教育因素，需要有一个体系有序的教学内容来传递给学生，帮助学生获取全面的、科学的技术与文化。目前，还没有专门的课程。现有的“体育与健康”课程虽然强调体育

---

① 新质生产力是习近平总书记提出的，是创新起主导作用，摆脱传统经济增长方式、生产力发展路径，具有高科技、高效能、高质量特征，符合新发展理念的先进生产力质态。它由技术革命性突破、生产要素创新性配置、产业深度转型升级而催生，以劳动者、劳动资料、劳动对象及其优化组合的跃升为基本内涵，以全要素生产率大幅提升为核心标志，特点是创新，关键在质优，本质是先进生产力。

技术能力的获得，设置了田径、球类、武术等多个体育项目，但目的是基于身心健康发展的需要，并没有完全针对校园暴力防卫设置相关项目。现有技术项目、技术内容与校园暴力防卫的紧密性不强。另外，也没有结合防范要求来安排系统的思想道德、法律、心理等其他相关内容。因此，有必要设置专门的课程，并规范教学内容，保障学生在学习中获取全面的防范知识和技术不受到限制。

（二）教材知识科普性

教材是我们开展课程教学，传授学生理论、技术、文化的依据。校园暴力防治教育目的是帮助学生拥有全面的知识，构建正确的防范意识，提升必要的防卫技术。因此，所依据的教材本身是具有科普性特点的，其包含的知识是能被学生所接受和吸纳的，是社会发展中人们生活所需要的，能体现社会存在的客观性的东西。当前，面对校园欺凌、暴力行为，学生需要学习的就是如何自卫、互助，如何辨识风险，如何化解危险，这些都是实实在在影响学生生命安全的科学素养。因此，“校园暴力与防卫”课程作为一门专门培育学生身体能力和安全避险的课程，有必要深入考虑如何开展好校园暴力防治教育教学，要开展好这一专门教学，离不开专门的科普性教材。

（三）学习平台新质性

新质教育是学校教育赋能新质生产力的要求，强调的是数字化运用，以搭建新质学习平台，实现课程在人才培养方面具备的高科技、高效能、高质量，充分体现出新思想、新知识、新技术。学习平台的新质性，特点是创新，关键在质优，本质是先进生产力。“校园暴力与防卫”课程开发，其最终目的就是如何借“新”突破，赋能校园暴力防治，培养高质量德智体美劳全面发展的青少年学生。所以，要突破传统教学思维，充分借用数字化、智能化技术，搭建新质学习平台，引导学生自主学习，多途径获取新思想、新知识、新技能。

（四）人力资源联动性

人力资源是开展课程教学的必要条件。丰富的人力资源和优质的人力条件，对提高教育质量起着重要的作用。唯物史观认为，人是生产力要素和现代化进程中最具活力的关键变量。人作为生产力的决定性力量，也是教育的逻辑起点和逻辑终点。“校园暴力与防卫”课程要达到校园安全建设良好效果，需要有专门的教学团队。目前，仅仅依赖学校教师很难形成优质教学力量，因自身条件限制，需要联合一切优秀社会力量，发挥他们的社会治理经验和其他资源优势，形成联合力量，达到更加优化的教学效果。

（五）文化支撑民族性

一门课程旨在传递给学生技术，但最终实现什么样的价值，还需依赖文化教育。我们传递给学生什么理念、什么技术，本身并没有特别之处，不同国家社会、不同意识形态，技术的本质是一样的，都是服务于人的生命需要。但是，具体用于什么、达到什么价值，离不开文化的影响。在我国，基于社会主义意识形态，我们的知识运用必须体现出中国化的社会主义意识形态，必须体现出中华民族文化特色。“校园暴力与防卫”课程开发，要充分吸取中华民族优秀的传统文化基因，为中国式的社会主义社会校园安全建设服务。

四、“校园暴力与防卫”课程的设计

新质课程的开发，首先要明确教育理念、核心素养及目标，这样才能进行教学过程的具体环节设计。“校园暴力与防卫”课程是技能型课程，是与思想和身体相关的技术训练课程，因此课程开发应坚持“健康第一”理念，注重学生思想和身心健康教育，注重“学、练、思”一体化教学。遵循“以学生发展为本”规律，注重整体设计课程内容，体现保证基础、重视多样、关注融合、强调运用等理念。注重教学方式改革，重视综合性学习评价。课程的核心素养应始终围绕达成正确价值观、道德品格和应急能力来设计，主要包括分辨思维、思想道德、健康行为、应急技能等方面。课程的目标应始终围绕安全意识构建和技能形成服务，具体应包括：构筑安全防范理念，形成安全防范意识；具有正确辨析思维，能正确分析事物；形成健康的生活方式，积极参加技能训练，具有较好的应急防卫技能；做到自强自信，团结互助，养成良好的思想品德。

在教学内容设计上：“校园暴力与防卫”课程主要针对中小学生，但小学生、初中生、高中生在身体、心理、认知、交往等方面又各有其不同的特点和规律，因此理解事物本质，认知事物规律，接受和容纳知识技术等方面又会有差异，所以课程内容设计要有针对性，要体现学生成长阶段身心发展特点，既要有共性知识技术板块，也要有不同的知识技术板块。对具体核心素养、目标实现也要有不同的要求。根据身体成长特点和规律，（1）小学生阶段课程核心素养是团结友爱、不霸凌同学、爱好武术。主要目标是培养意识、养成习惯、有初步技能。学习内容主要包括：校园欺凌行为、特征、危害，校园欺凌案例及法律基本知识，简单防卫基本技术。（2）初中生阶段课程核心素养是良好的思想道德，互相帮助，初步形成安全防范意识，有较好的防卫技能。主要目标是关心帮助同学，积极参加技能训练，养成体育锻炼习惯。学习内容主要包括：校园暴力的特点、手段和危害，社会暴力的特点、表现和危害，正当防卫的法律知识，思想道德知识，校园暴力、青少年暴力犯罪案例及法律知识，安全防范理念和个人徒手防卫、器物使用技术。（3）高中生阶段核心素养是正确分辨霸凌、暴力行为，积极面对、抵制暴力现象，团结互助，有较强的防卫能力，积极主动参加相关培训。主要目标是培养安全防范意识和思维，构筑安全理念，养成自主学习训练技能的习惯，自觉抵制各种暴力现象。主要学习内容包括：极端暴力、恐怖行为的特点、性质和危害，安全常识，思想政治品质，传统武术文化，极端暴力事件案例及法律知识，武术长短兵使用技术，协同防卫技术，综合演练。

在教学形式与活动设计上：为保障课程教学能对学生肌肉和感官形成必要的刺激，需要保持课程教学的持续性，一般要持续安排一个学期的教学课时，每周保证 2 课时，含教学课时和课外课时。教学以线下课堂授课为主，线上课堂授课为辅，把线上授课作为课堂授课的补充，二者有机结合。线上授课要重视数字化课程建设，利用数字平台，丰富线上教育资源。要加强微课程建设，以校园暴力、欺凌为题型，通过 VR、AR 技术制作一些微视频，作为重要的线上资源，组织学生进行线上讨论，帮助学生从不同角度去分析问题，提高认知能力（针对高中学生）。同时，利用微课程告诉学生如何进行防范、如何应对、如何学习相关技术、应掌握哪些知识，让学生有自主时间去学习、去思考。课堂授课重点是传授思想、理念、技术、文化，注重学生动手能力教育。教学活动要保持丰富性，但也要结合学生身体成长阶段的特点，体现出一些差异性。主要有线下课堂教学、线上讨论、课外辅导、课间操练、宣传表演、情境模拟演练、报告讲座、技能展示、欺凌体验等。

在考核与评价设计上：考核和评价是课程教学的重要环节。主要是考查教学目标是否实现，学生核心素养是否达成。所以，考核内容要明确，以技术为主，高中阶段还可以结合案例分析，考查学生的认识分析能力。评价要结合过程和表现，根据技术考核成绩和平时参加各种教学活动的表现成绩来给予综合评价。平时要鼓励学生提高积极性，多动脑、多动手，全面展示自我。要从学生的表现进行思想道德和技能运用综合评价，不以技术考核成绩进行单一评价，否则会抹杀学生自主学习积极性。要以考核和评价来激励督促学生平时主动加强学习训练，把平时各种活动作为考核和评价的重要形式，给予平时分，以此激发学生学习积极性和潜能。

"校园暴力与防卫"课程设计见表 7-1。

表 7-1　“校园暴力与防卫”课程设计

	内容板块	核心素养	教学目标	开设时间	课时	教学形式	教学活动	考核评价
小学	1. 校园欺凌基本行为、特征、危害 2. 校园欺凌案例及法律基本知识 3. 简单防卫基本技术	1. 团结友爱，不霸凌同学 2. 爱好武术	1. 形成意识 2. 养成习惯 3. 有初步技能	小学四年级或五年级任意一学期	20	课堂授课；线上授课；微课程	课堂教学；微视频；课外辅导；课间操练；宣讲报告；技能展示	技术考核：基础技术动作；过程评价：教学活动表现
初中	1. 校园暴力的特点、手段和危害 2. 社会暴力的特点、表现和危害 3. 正当防卫的法律知识 4. 思想道德 5. 校园暴力、青少年暴力犯罪案例及法律知识 6. 安全防范理念和个人徒手防卫、器物使用技术	1. 良好的思想道德，互相帮助 2. 初步形成安全防范意识 3. 有较好的防卫技能	1. 关心帮助同学 2. 积极参加技能训练 3. 养成体育锻炼习惯	初中一年级或二年级任意一学期	20	课堂授课；线上授课；微课程	课堂教学；微视频；课外辅导；课间操练；宣讲报告；技能展示；情境练习；欺凌体验；线上讨论	技术考核：个人徒手防卫、器物使用技术；过程评价：教学活动表现
高中	1. 极端暴力、恐怖行为的特点、性质和危害 2. 安全常识 3. 思想政治品质 4. 传统武术文化 5. 极端暴力事件案例及法律知识 6. 武术长短兵使用技术，协同防卫技术，综合演练	1. 正确分辨欺凌、暴力行为 2. 积极面对、抵制暴力现象 3. 团结互助 4. 有较强的防卫能力	1. 培养安全防范意识和思维，构筑安全理念 2. 养成自主学习训练技能的习惯 3. 自觉抵制各种暴力现象	高中一年级一学期	20	课堂授课； 线上授课； 微课程	课堂教学；微视频；课外辅导；课间操练；宣讲报告；技能展示；情境练习；综合演练；欺凌体验；线上讨论	技术考核：武术长短兵使用技术、协同防卫技术、案例分析；过程评价：教学活动表现

五、"校园暴力与防卫"课程的建设路径

（一）依托科普文化，编写科普教材

习近平总书记指出，科学普及是实现创新发展的重要基础性工作。党的二十大报告将科普作为提高全社会文明程度的重要举措，强调"加强国家科普能力建设"。为此，2022 年，中共中央办公厅、国务院办公厅印发了《关于新时代进一步加强科学技术普及工作的意见》，提出"强化全社会科普责任，提升科普能力和全民科学素质，推动科普全面融入经济、政治、文化、社会、生态文明建设……服务人的全面发展、服务创新发展、服务国家治理体系和治理能力现代化……"既肯定了科普融入文化建设的重要性，也指出了科普与文化建设的关系，既要利用文化促进科普工作，也要通过科普推动文化建设。科学素质既包括自然科学，也包括社会科学、人文科学。科普文化强调全人类要构建科学素质，用自然科学、人文社会科学素质来服务社会发展。如何正确认识、分辨校园暴力，以及正确防范、自卫、互救，这里涉及的知识技术属于人文社会科学范畴，而如何通过数字化平台获取更多信息，了解更多此类事件，获取更多相关防范知识技术，这又属于自然科技素质范畴。因此，为了高质量防治校园暴力，提高学生的科学素质，必须在校园科普相关知识，要编写针对校园暴力防治的高质量科普教材，而且要体现出以下特性：

1. 针对性。要以防治校园暴力行为为目的，针对青少年健康成长中出现的身心问题提出全面的育人服务知识。因此，教材内容要体现出主体针对性。

2. 科普性。要以科学防治为要求，内容是科学的，是体现人类文明需求的，是青少年在身心发展中必须掌握的人文素养。因此，教材内容要具有科普性。

3. 全面性。要以青少年德智体美劳全面发展为教育要求，教材内容要涵盖德智体美劳等相关知识，保证教材的教育全面性。

4. 趣味性。要以适应青少年身心发育为要求，内容要有区分度，内容展示的形式要有吸引力，能满足不同发育阶段青少年对知识获取的兴趣。因此，教材要体现出内容形式的趣味性。

5. 法律性。要以惩戒、警示暴力行为为要求，暴力是法律不允许的，

如何用法律来惩戒、警示，要通过教材普及相关法律知识，让学生知晓法律知识、筑牢法律意识。因此，教材要体现出内容的法律性。

6. 民族性。要以教化为目的，中国文化是一种为人处世的智慧文化、道德文化，针对校园暴力行为，需要用传统文化去教化他们，教育应该做什么、怎么去做，展示出民族精神、民族智慧。因此，教材内容要体现出民族性。

（二）依托数字文化，搭建新质学习平台

数字文化是新时代高科技素养的重要体现。数字文化已运用到社会各行业，是当今社会治理不可缺少的重要手段。数字文化，是指以计算机、互联网以及数字化视频信息采集、处理、存储和传输技术的文化的数字化共享。它是依托各公共组织与个体文化资源，利用 VR、AR、3D 等数字技术以及互联网、大数据等平台实现文化传播的时空普及与内容升级，具备创新性、体验性、互动性的文化服务与共享模式。当前各中小学如何整合多方优质教育资源，提高教学效率，并拓宽学生眼界，促进学生思维发散，培养其创新意识，是我们开展基础教育要考虑的；如何提升学生利用现代信息技术的能力，提升学生的数字素养，为未来发展奠定技能基础也是我们基础教育要考虑的。因此，我们要依托数字文化，搭建新质学习平台，服务学生自主学习能力培养。"校园暴力与防卫"课程作为新质课程建设，不仅要重视课堂教授，更要引导学生发挥自主学习能动性，注重"学习能力培养，帮助学生不仅吸收知识，还能在不断变化的环境中实现基础知识的迁移和应用，以及有效运用技术手段开展完全契合自身需求的个性化学习活动，并且能够在未来的学习生活中持续提供辅助与支持的知识框架"①。要充分借助 VR（虚拟现实技术）制作《校园暴力与防卫》VR 版教材，利用 AR（增强现实技术）制作校园欺凌防卫微视频，并合理转化为线上资源。要建立线上教学平台，利用智慧教室和数字化课程，丰富教学资源，提高学生综合运用知识的能力，并满足学生自主学习的需求。

（三）依托警营文化，强化校警联动

警察是保护人民生命财产安全的人民卫士。打击暴力、维护权利是警

---

① 李刚，赵佳琦，王嘉琦．以新质课程建设赋能新质生产力发展：理论剖析与设计思路[J]．天津师范大学学报（基础教育版），2024，25（4）：7-12.

察的职责。因此，警察在除暴安民等工作中始终都保持着“忠真智勇”本色，这也是警营文化的真实体现。“忠”就是有忠于党和人民的思想；“真”就是拥有保护人民的本领；“智”就是有化解危险的智慧谋略；“勇”就是有敢于面对危险的无畏精神。它们既是警营文化的核心体现，也是中华民族要弘扬的文化核心要素。学校教育要充分依托它们，把它们化为学生的内生动力，推动学生健康成长。“校园暴力与防卫”课程在文化育人的本质上与警营文化育人具有一致性。各地中小学要联合人民警察，在校园积极推广警营文化，共同开展校园暴力防治教育。

一是联合辖区民警进校园展示警营文化技能。通过警营文化技能展示，让学生产生敬佩之情，进而建立正义之心。

二是联合辖区民警进校园开展技能辅导。要发挥公安民警的反暴特长和经验，通过他们的辅导，让学生懂得如何分辨、识别暴力，如何科学运用技术文化防范抵制暴力行为，合理履行正当防卫权利。

三是联合辖区民警进校园开展法律科普讲座。要联合辖区民警进校园定期为学生科普法律知识，通过讲座报告形式讲述身边案例，对学生循循善诱，讲透法理情，提高学生法律意识，让学生了解校园欺凌、暴力行为，清楚如何行使正当防卫权利。

四是联合辖区民警进校园进行反暴力综合演习。要联合辖区民警每学期开展一次综合性的反暴力综合演习活动，通过现场演习，向学生展示在危急中如何自救、互救，如何做到协同应对，如何最大限度地做到人防、物防、技防的统一。

五是联合辖区民警开展“问题”学生惩戒教育。要针对“问题”学生，联合辖区民警进行惩戒教育，从法律惩戒上进行警示，并定期开展教育谈话，追踪管理，根据矫正情况及时变化教育措施。

（四）依托武术文化，打造特色课程

武术文化是中华民族传统文化的重要部分，伴随着中华民族发展至现在，已形成了具有独特体系的文化形态。武术文化蕴含着中华民族传统道德伦理思想、传统智慧文化、传统武术技理技法，对我国社会发展起到了很好的推动作用。新中国成立以来，一直得到党和政府的大力提倡，各级各类学校都不同程度地开展武术教育活动。“校园暴力与防卫”课程旨在通过对防卫技术的学习训练，获取相关知识，形成自身技能。这里的相关知识大部分是武术中所展现的知识技术，因此我们要以武术文化为依托，

把“校园暴力与防卫”课程打造成具有民族文化特色的新质课程。既要接轨于国外危急课程的开设，又要与国外危急课程有区别，具有不同于他们的文化核心要素，要充分展现我们自己的文化支撑点。

一是讲好武德伦理。要结合新时代我国社会治理所提倡的大德、公德、私德，把武德伦理全程全学段灌输到课堂教学中，通过讲英雄、讲典故、讲案例、讲习俗、讲民风，让学生正确了解武德伦理，由知促行，做到知大义、讲正义、守规则、懂礼貌，做现代文明人，不欺凌、不暴力，不惹事、不怕事。

二是讲透智慧。中国文化是一种智慧文化，更多的是告诉人们怎么避免风险，怎么应对危险，化险为安。中国道家、儒家、法家、兵家等诸子百家思想都在武术文化中有着深刻影响，武术技理技法中就浸润着百家思想。要在学生操练、对打中讲授中国思想，为学生讲透中国智慧，让学生体验中国思维，培养学生思事、处事、行事的心智，教会学生如何利用身体表达与他人和谐相处，如何认识危险、规避危险、应对危险、化解危险。

三是传好技术。以戈止武是学武习武最高境界，要化解动武，就必须拥有止武的技能。面对暴力行为，如果不具有自卫技能，怎么能阻止暴力行为的发生？因此，要讲授防卫技术动作技击性能和防身作用，告诉学生如何攻、如何防，着重强调技术的强身效能。

专题八　校警联动：中小学校园暴力防治教育新模式

一个和谐美好的校园环境，是未成年人健康茁壮成长的基础。校园欺凌与暴力破坏了中小学生的成长环境和学习氛围，给他们的身心健康和学习环境带来了巨大的影响。为了建设校园文明环境，防治校园欺凌和暴力行为，学校与当地公安机关之间的合作变得非常必要，如何构建校警联动教育模式，是新质基础教育的有效探索，也是新质生产力在中小学教育领域的具体实践。

一、中小学开展校园暴力防治教育的不足

2023 年 4 月，教育部等十七部门联合印发的《全面加强和改进新时代学生心理健康工作专项行动计划（2023—2025 年）》中格外强调要将焦点聚集在面临校园欺凌等风险因素的学生上。近年来，公安机关会同教育、综治部门在全国组织开展“护校安园”专项行动，取得了一定成效。实现了涉校刑事案件 11 年持续下降，为全国 52 万余所中小学幼儿园、2.5 亿名学生提供了有力的安全保障，排查发现、及时制止了一大批可能危害师生安全的案（事）件苗头，有力维护了校园安全形势稳定。但是一些地方学校安全工作仍存在不少突出问题和薄弱环节，维护校园安全工作面临着巨大压力。[①] 中小学在校园暴力防治教育方面还存在多方面的不足，主要包括：

1. 法律界定不明。当前法律体系中对于校园欺凌的定义不明确，导致在处理校园暴力事件时缺乏明确的法律依据，使得一些校园暴力行为难以界定和监测。虽然在《中华人民共和国未成年人保护法》中对未成

① 黄明．突出问题导向 强化措施责任 警校联动构建校园安全防控体系［N］．人民公安报，2015-03-29.

年人的保护进行了全面规定，包括禁止对未成年人进行各种形式的虐待和伤害。校园欺凌的受害者可以通过该法寻求保护和援助。但是，对一些校园暴力行为是否构成犯罪，该问题的具体认定仍然受到《中华人民共和国刑法》中具体规定的限制。《中华人民共和国刑法》中从刑事责任年龄方面对犯罪主体进行了严格的分类，这是目前《中华人民共和国刑法》在校园暴力方面仍需要改进和完善的部分。此外，《中华人民共和国治安管理处罚法》作为我国公安机关进行治安管理的主要法律依据，对于校园暴力行为如何处置也缺乏明确的规定。因此，如何按照《中华人民共和国宪法》的指导思想，综合运用《中华人民共和国未成年人保护法》《中华人民共和国刑法》《中华人民共和国治安管理处罚法》来严格区分、正确处理校园暴力行为成为当下中小学校园暴力防治工作中一个亟待解决的问题。

2. 法治观念淡薄。社会对于校园欺凌的法律认识不足，导致处理校园暴力的行为有失偏颇，结果不尽如人意。当校园暴力行为仅处于萌芽状态时，无论是家庭还是学校，都缺乏未成年人的权利保护意识，未能积极有效地防范、及时适度地惩处，以起到警示作用。当校园暴力给未成年人的权利、社会的安全稳定造成严重后果时，受害家庭过于愤懑，未能按照法定的程序合理合法地向有关机关表达诉求、请求救济，从而引发新的社会问题。2004 年《中华人民共和国宪法修正案》将“尊重和保障人权”载入宪法，使之正式成为我国宪法的一项重要原则。《中华人民共和国未成年人保护法》总则第一条也明确了立法目的：为了保护未成年人身心健康，保障未成年人合法权益，促进未成年人德智体美劳全面发展，培养有理想、有道德、有文化、有纪律的社会主义建设者和接班人，培养担当民族复兴大任的时代新人，根据宪法，制定本法。因此，加强法治宣传教育，增强校园法治观念是反对校园暴力的一项治本之策。

3. 学校教育重智轻德。随着经济社会的快速发展，社会整体教育水平提高。在升学考试的压力下，学校普遍更注重学生的考试成绩，而忽视了学生的思想品德教育和校园的思想道德建设。青少年阶段可称为人生的“拔节孕穗期”，这一阶段的价值取向好比人生的第一粒扣子。如果第一粒扣子扣错了，其余的扣子也会脱离原位；如果青少年时期没有树立正确的价值观，未来的人生难免走弯路甚至迷失方向、误入歧途。为此，学校应该通过教育引导、奖励激励，让青少年明确个人的行为价值取向、行为准则，深刻意识到人的行为不仅要受法律约束，而且要符合道德要求，符合社会、国家利益。[1] 学校要关心、关爱青少年的成长，从德智体美劳五个维度为青少年成长引领方向，努力为青少年成长成才，树立正确的人生观、价值观提供必要条件。然而，如今一些学校缺乏思想道德建设，轻视学生的心理健康教育，导致部分学生心理失衡，出现焦虑、报复、暴力等心理倾向，这成为校园暴力的主要诱因。

4. 预防和干预机制滞后。第一，部分学校管理者、教师和家长对校园欺凌的认识不足，认为这只是学生间的正常冲突，不必小题大做。这种观念导致学校缺少预防和干预校园欺凌的有效措施和机制。第二，许多学校的教师和管理人员也未接受过预防校园暴力方面的专业培训，无法识别和处理校园暴力事件，这导致问题发生后无法及时、有效地进行干预。第三，一些学校在课程规划和人才培养方案中也未充分重视预防校园暴力的教育。学生缺乏心理健康教育，缺乏有关冲突管理、情感表达和尊重他人的教育，使得冲突容易升级为暴力行为。第四，校园暴力的受害者和施暴者往往都需要心理健康方面的支持。然而，许多学校缺乏心理辅导资源，无法为这些学生提供必要的帮助。第五，家长和学校之间的沟通不畅、合作不足，可能导致家长无法及时了解孩子在学校的情况，从而无法协助学校处理暴力问题。

5. 家长和学生解决问题能力欠缺。许多家庭中的孩子，尤其是留守儿童、外来务工子女，不知道如何正确处理人际关系和欺凌事件。当孩子成为欺凌目标时，家长和孩子都缺乏有效的应对策略。面对校园暴力，家长需要了解什么是校园暴力，包括身体暴力、言语欺凌、社交排斥和网络暴力等不同形式。同时，要注意孩子情绪、行为或学业表现的变化，如情绪低落、不愿上学、身体不适等可能与校园暴力有关的征兆。还要与孩子建立良好的沟通，创造安全的交流环境，让孩子感到安全和信任，鼓励他们分享在学校的经历和感受。家长应该定期与孩子讨论学校生活，关注他们的人际关系，帮助他们处理遇到的问题。

6. 社会暴力文化影响。一些网络游戏、影视文学作品中的暴力场景容易引发学生的模仿行为，加上青少年辨别能力和自我控制能力较弱，容易受到这些暴力文化的影响，从而增加校园暴力的风险。社会暴力文化对校园暴力行为的影响是多方面的：

① 于慧颖．加强全社会思想道德建设［N］．光明日报，2024-04-08.

（1）暴力模仿。社会暴力文化通过各种媒介（如电影、电视、游戏等）将暴力行为常态化，青少年可能会模仿这些行为，从而提高校园暴力的发生率。

（2）暴力认知。在暴力文化中长大的人可能会对暴力行为产生误解，认为暴力是一种解决问题的有效手段。这种认知可能使他们在校园中更容易使用暴力解决冲突。

（3）心理影响。暴力文化可能导致一些青少年对暴力行为产生麻木感或表现冷漠，缺乏同情心和对他人痛苦的敏感度。这种心理状态可能导致他们在校园中表现出更高的攻击性。

（4）群体压力。青少年可能在群体压力下，模仿和参与暴力行为，以便融入群体或获得认同。在社会暴力文化影响下，这种压力可能更为明显。

（5）社会不平等。社会暴力文化往往与社会不平等、经济贫困等问题相关，这些问题可能在校园中进一步加剧，导致暴力行为的发生。

二、校警联动开展中小学校园暴力防治教育的优势和特点

在当今社会，校园安全成为社会各界关注的焦点，特别是面对暴力事件的潜在威胁，加强校园安全教育显得尤为迫切。校警联动，是指各地方中小学与公安机关合作，携手共同开展青少年法治教育、安全教育和其他相关活动的一种教育模式，目的是更好地引导、教育学生健康成长。校警联动模式通过学校与公安机关之间的紧密合作，实现资源共享、优势互补，旨在提高青少年的法律意识、自我保护能力和道德素养，促进校园安全和社区和谐。

（一）校警联动开展中小学校园暴力防治安全教育的优势

第一，专业性强。校警联动模式能够将公安机关的专业力量和训练资源引入中小学，充分发挥公安机关的专业优势，提高法治教育的专业性和实效性，确保中小学校园法制教育质量。

第二，联合培养。学校与公安机关共同制定培养方案，能够发挥学校特点，更能基于青少年实际成长特点和规律打造安全教育体系，更有利于生命安全教育目标的达成。同时，丰富了学校的教育内容，促进了教育多元化，有助于学生的全面发展。

第三，实践性强。通过校警联动，在教学中也体现了“以学生为中心”的教学理念，突出青少年的成长特征，提升课程的吸引力。

（二）校警联动开展中小学校园暴力防治安全教育的特点

作为一种创新的安全教育管理模式，校警联动在中小学校园暴力防治安全教育中的功能特点更为明显，诸如法制宣传力度大、实战演练效果好、信息联动速度快、心理疏导专业化、安全氛围更浓厚、资源整合优势更明显以及预防机制更加长效化等，为构建和谐、安全的校园环境提供了更为有力的保障。

1. 法制宣传力度大。在校警联动模式下，公安机关直接参与校园安全教育工作，能够有效增强法制宣传的权威性和针对性。通过公安机关人民警察组织的法制讲座、案例分析、法律知识竞赛等形式，使学生深刻理解法律、法规，认识到暴力行为的严重后果，从而在内心深处树立起尊法守法的观念，提升自我保护意识和能力。

2. 实战演练效果好。联合当地公安机关进行“反暴力”实战演练，能够模拟真实场景，让学生在接近实战的环境中学习应对暴力事件的正确方法和技巧。这种演练不仅提高了学生的应急反应能力，还增强了他们的心理素质，使他们在面对突发情况时能够保持冷静，迅速采取有效措施保护自己和他人的安全。

3. 信息联动速度快。校警联动机制建立了快速响应的信息交流平台，确保校园内一旦发生暴力事件或可疑情况，能够立即通知当地公安机关并迅速启动应急预案。这种信息的即时传递，大大提高了应对暴力事件的效率，减少了潜在的安全隐患，为及时控制事态发展赢得了宝贵时间。

4. 心理疏导专业化。暴力事件不仅对身体造成伤害，更可能对受害者及目击者的心理造成长期影响。在校警联动模式中，当地公安机关可联合专业心理咨询师或团队，为受到暴力事件影响的师生提供及时、专业的心理疏导服务，帮助他们走出心理阴影，恢复正常的学习和生活状态。

5. 安全氛围更浓厚。校警联动的深入开展，不仅增强了校园的物理安全防护能力，更在师生心中树立起了一道坚固的心理防线。通过持续的安全教育和实战演练，营造出一种“人人讲安全、事事为安全、时时想安全、处处要安全”的良好氛围，使整个校园成为一个安全、和谐的学习生活环境。

6. 资源整合优势显。校警联动充分利用了学校和公安机关各自的资源，实现了优势互补。学校提供教育场地、师生资源，警方则提供专业知识、实战经验和技术支持，双方共同制订安全教育计划，组织活动，有效避免了资源的重复浪费，提高了工作效率和成果质量。

7. 预防机制长效化。校警联动不仅仅是应对突发事件，更重要的是通过持续的安全教育和预防机制建设，形成了一套长效化的反暴力工作体系。这一体系不仅关注短期内的应急处理，更注重长期的预防和控制，通过定期评估、反馈调整，不断优化和完善反暴力措施，确保校园安全常抓不懈、长治久安。

三、校警联动教育模式的构建：联学、联教、联训、联防

学校教育工作者虽然在教育中起着主要作用，但在校警联动教育中，公安机关也是主导方，扮演着关键领导和主要角色。要提高校园欺凌和暴力行为防治的教育质量，需要强调公安机关在青少年法治教育、安全教育和德育工作中的主导地位，以及在资源整合、活动策划和实施中的关键作用。因此，可以建立一套科学有效的防治体系模型，做到双方能够共同发力，有效预防和治理校园暴力行为，为学生的身心健康保驾护航。

（一）校警联学

1. 建立线上联学平台。首先，学校与当地公安机关应建立常态化的线上联学平台，可以利用社交媒体和在线论坛等平台，建立学校与公安机关之间的互动交流机制，促进校园暴力防治信息的共享和经验的交流，提高教育教学效果。其次，引入虚拟技术，丰富教育形式，为学生提供沉浸式的学习体验，让他们在校园暴力存在的虚拟环境中进行模拟操作和实践，培养他们的防范能力和应急思维。还可以利用人工智能技术，为学生提供个性化的学习推荐和辅导，根据学生的学习情况和需求，智能地推送适合他们的学习资源和辅导内容，提高他们的学习效果。

2. 制订预防教育计划。预防胜于治疗。学校与公安机关联合制订校园暴力预防教育计划，将“反暴力”安全教育纳入日常教学计划中。通过举办主题活动、制作宣传材料等方式，增强学生的法律意识、自我保护能力和对校园暴力的正确认知，营造“零容忍”的校园文化氛围。

3. 设立举报与求助渠道。建立健全举报与求助机制，确保学生在遇到或目击校园暴力行为时，能够安全、便捷地报告给学校或辖区公安机关。

学校应设立专门的举报箱、热线电话和网络平台，并保证信息的保密性和处理的及时性。公安机关则需提供必要的法律援助和心理支持，鼓励学生勇敢发声。

4. 评估反馈与持续改进。建立科学的评估反馈机制，定期对校园暴力防治工作进行全面评估，收集师生、家长及社会各界的意见和建议。根据评估结果，及时调整工作策略，优化资源配置，确保校园暴力防治工作的针对性和有效性。同时，加强宣传报道，树立正面典型，营造全社会关注和支持校园安全的良好氛围。

5. 落实法治副校长职责。法治副校长制度是为了健全我国中小学治理体系，完善中小学生权益的保护机制，促进了中小学校治理和未成年学生成长。① 首先应该统一法治副校长的遴选标准，将政治素质、教育经验、职责期待等方面纳入标准，明确法治副校长的义务性来提高这一岗位的稳定性与持续性，减少人员流动和岗位空缺的情况。为提高法治副校长的业务能力，公安机关和教育局可联合起来通过不定期出题等方式对在岗人员进行考核，鼓励法治副校长在校内发挥自己的职能，以此来降低校园欺凌的发生率。

（二）校警联教

1. 组建专业教官团队。在市公安局范围内选拔政治素质高、业务能力强的特警、交警、刑侦、治安、网安等警务专业人才，与市教委、团市委、国安委、卫健委、应急消防等部门选派的本系统专业人才，共同组建高质量校警教官团队。

2. 开展校园欺凌宣传培训。学校所在的辖区派出所要联合社区共同加大对抵制校园欺凌行为的宣传培训力度，共同营造和谐美好的校园氛围。通过定期举办座谈会等方式向广大师生普及校园欺凌的危害、预防方法、应对措施等。同时，加大对民警、学校安保人员、教师的防暴应急能力和处突水平的培训力度。

3. 联合开展普法教育。学校与公安机关通过普法教育进课堂等形式，向学生普及法律知识，增强法治观念，同时教授学生识别、远离和制止校园暴力的常识与技能。此外，双方还可以合作编制校园暴力预防手册，作为学生必修的安全教育课程教材。

---

① 历笑影．法治副校长：学校法治教育的新动力［J］．人民教育，2022（7）：42-43.

4. 构建心理干预与援助体系。建立心理干预与援助体系，为受害者及可能涉及的学生提供必要的心理支持。学校应配备专业心理咨询师，与公安机关心理健康专家合作，为有关学生提供一对一咨询、团体辅导等服务，帮助他们走出心理阴影，恢复正常生活。

5. 持续开展“法律知识进校园”系列讲座。邀请法官、检察官、律师、警官等法律专业人士走进校园，通过讲座、案例分析、模拟法庭等形式，以案说法。通过对真实案例的剖析，让学生深刻认识到校园暴力的危害性和违法性，自觉抵制和远离暴力行为。

公安机关与学校联合开展关于反校园暴力行为的讲座是一种有效的应对和减少校园暴力的方式。讲座可以带来多个方面的积极影响。

（1）增强法律意识：公安机关可以通过讲座向学生和教职工普及法律知识，让他们了解校园暴力的法律后果，以及如何通过法律途径保护自己和他人。这种知识能够帮助学生更好地理解暴力行为的严重性，并意识到其可能面临的法律责任。

（2）提高防范意识：通过民警的讲解，学生可以学习到如何识别潜在的暴力行为，掌握应对暴力的技巧和策略。例如，如何安全地寻求帮助，如何有效地报告暴力事件，等等。

（3）培养合作精神：公安机关和学校的合作能够加强双方的沟通与协调，促进校园暴力防治工作的整体性和系统性。学校和公安机关可以共同制定预防和应对暴力的策略，形成合力。

（4）建立信任关系：警察的参与可以帮助学生建立对执法部门的信任，使他们更愿意在遇到问题时寻求帮助。同时，学生也会认识到警察不仅是执法者，也是社区的守护者和帮助者。

（5）提供心理支持：讲座中可以涉及心理健康问题，学校与公安机关心理专家的合作可以帮助学生认识到心理支持的重要性，鼓励他们在遇到困扰时寻求专业帮助。

（6）促进全员参与：这种讲座不仅针对学生，还可以包括教师、家长等各个群体，提升他们对校园暴力的认识和预防能力。家长的参与尤为重要，他们可以在家庭中进一步加强对孩子的教育和引导。

通过这种合作形式，校园暴力的预防工作可以更加全面和深入，帮助构建一个更加安全、和谐的校园环境。

（三）校警联训

1. 定期开展联合演练。定期组织学校师生与公安机关联合进行校园安全应急演练，包括模拟暴力事件应对、疏散逃生、急救处理等，提高师生应对突发事件的能力和自救互救技能。通过实战演练，检验应急预案的可行性，不断完善合作机制。

2. 紧急事件快速响应。制定详尽的校园紧急事件应急预案，明确学校与警方的联动响应机制。一旦发生校园暴力事件，立即启动预案，确保警方能够迅速到达现场，有效控制事态发展，依法严惩肇事者，维护校园秩序。同时，配合学校迅速开展救援和心理安抚工作，减少伤害。

3. 组织安全教育夏令营。依托现有警务资源，建立特警、特勤、交警、刑侦、水警、警航等各具特色的安全教育实训基地；争取红色资源纪念馆和博物馆、美术馆等文化场馆支持，扩展安全教育活动阵地，系统构建“一营地、多基地、N 阵地”的青少年安全教育培训体系。

（四）校警联防

1. 建立合作机制。首先，学校与当地公安机关共同成立“校园安全联合管理委员会”，明确双方职责与协作流程。该委员会定期召开联席会议，分析校园安全形势，研究制定预防和应对校园暴力的具体措施，确保双方信息畅通、行动协同。

2. 信息互通与共享。建立信息共享平台，实现学校与警方之间的实时信息交流。学校方面及时上报涉及校园安全的线索、事件及潜在威胁，公安机关则根据情报反馈进行风险评估，并提供专业指导。同时，向学校通报周边治安状况，共同分析可能影响校园安全的因素。

3. 部署专项治理行动。针对校园暴力高发时段和区域，学校与公安机关联合开展专项治理行动。通过排查安全隐患、整治校园周边环境、加强巡逻防控等措施，有效遏制校园暴力事件的发生。同时，对涉事学生进行跟踪帮教，防止其再次成为施暴者或受害者。

4. 加强对监护责任的监督。监护人的职责之一就是要对未成年人进行管教，对于出现不良行为的未成年人，监护人应该及时制止其不良行为。公安机关、居委会、村委会发现本辖区内有未成年人实施不良行为的，在予以制止的同时还应督促其监护人履行监护义务，对于实施管教不严格的监护人，公安、居（村）委会等主体发现后通知家长并要求其严加管教时，要摸底调查未成年学生的监护状况和家庭教育，应当确保监护人的监管情况得当。

5. 针对校园欺凌事件深入调查。首先辖区民警要树立主动管理的观念，及时对自己辖区内的学校进行管理，通过走访或者问卷调查等方式对校内欺凌行为进行系统的调查，了解校内校外是否发生相似事件，时刻留意学校附近的异常行为，鼓励居民、商户等人举报校园欺凌事件并鼓励他们在力所能及的范围内制止欺凌以便警察及时处置。

6. 建立情报收集机制。通过“人防+技防”建设，建立完善的情报收集平台，最大限度保障情报收集的及时性、全面性和真实性。一是合理动员学校学生、家长及周边群众，鼓励他们积极发现并收集校园欺凌的信息，对于殴打、辱骂、侮辱等行为积极阻止并及时通过专门情报渠道反馈到学校教育工作者和公安机关，以进行必要的惩戒干预。二是在校园内及附近各隐蔽角落安装监控，并建立信息传送终端系统，安排值班人员不间断轮流进行值班，通过值班人员发现情况及时进行处置。

四、警营文化在中小学校园的推广

在构建和谐、安全、法治的校园环境过程中，警营文化的引入无疑为中小学生的健康成长注入了一剂强心针。通过将法治教育、安全教育、纪律培养与心理健康教育等多维度内容融入学校日常教学与生活，不仅能够增强学生的法律意识与自我保护能力，还能促进其全面发展，形成良好的道德品质和社会责任感。这些活动不仅密切了警民关系，还提升了公安队伍的形象和影响力，为打造平安校园、和谐社会奠定了坚实基础。为了更好地实现警营文化对中小学生健康成长的引领作用，我们可以从“警—校—社”合作入手，建设新时代“少年警校”。

（一）少年警校安全教育活动的开展

1. 安全教育主题展览。安全教育主题展览通常是为提高公众的安全意识、传授安全知识和技能而设计的宣传活动。通过组织安全教育主题展览，利用图片、视频、实物等多种形式，直观展示交通、急救、网络、防火、防盗、防溺水、防欺凌等安全知识。

首先，通过安全教育主题展览，具体学习各方面的安全知识。例如，学习交通规则，了解红绿灯的作用，保障交通安全；学习如何正确使用灭火器，保障消防安全；在使用电脑或手机时，学习保护自己的个人信息，保障网络安全；学习一些基本的避险、急救方法，掌握避险、急救常识；等等。

其次，展览期间，可以通过“AI+5G”大数据技术，为学生提供个性化、沉浸式的体验，让他们在假定环境中进行模拟操作和实践，提高他们面对紧急情况随机应变的能力，让学生在参与中学会识别风险、掌握自救和互救技能。

2. 警营开放日活动。“警营开放日”，是指公安机关、警察部门等通过开放警营，邀请公众走进警营，了解警察的工作内容、装备、日常训练以及公安工作的组织与运作，通常旨在增进警民之间的相互了解，增强公众对警察工作的支持和信任感，并提高公共安全意识。

在警营开放日活动中，公众通常可以参与以下活动：

（1）参观警营设施。公众可以近距离参观警察的工作环境，包括办公区域、指挥中心、警犬基地等。

（2）警察装备展示。公安机关展示其日常使用的装备，如警车、警用摩托车、警用武器、通信设备等，还包括特种装备，如防暴器材和特警装备。

（3）警务演示。警察会向公众展示部分日常训练科目，如擒拿术、防暴战术、警犬表演等。这类演示通常生动且富有教育意义，展示了警察在突发事件中如何有效应对。

（4）安全教育讲座。警察会利用这一机会向公众宣传法律知识、安全常识以及防范犯罪的技巧，尤其是针对老人、儿童的防诈骗、防盗窃、防暴力等专题教育。

（5）与警察互动。公众可以与警察面对面交流，了解他们的工作内容、职业挑战以及如何通过公众的参与进一步维护社会稳定。

警营开放日不仅让公众了解警察的日常工作，提升社会的安全感，同时也为警方提供了机会，能够直接聆听社区对公共安全问题的反馈，拉近了警民关系。举办警营开放日活动，邀请学生及家长走进警营，近距离接触警用装备、了解警务工作流程。通过参观警犬训练、观摩特警演练、与警察互动等活动，增进学生对警察职业的理解和尊重，同时增强安全防范意识。

3. 校园警察小课堂。设立“校园警察小课堂”，由驻校民警或警务志愿者担任讲师，结合学生年龄特点，设计生动有趣的课程，如防身术基础、识别并远离不良信息、防范电信诈骗、网络安全防护等，增强学生的自我保护能力，可以从以下几个主题展开探讨：

（1）校园安全常识：如何识别和避免潜在的危险，如陌生人、危险区域等。

（2）法律知识：介绍基本的法律常识，如什么是犯罪、校园欺凌的法律后果等。

（3）应急处理：遇到突发事件时的应对措施，如对火灾、地震、失踪等情况的处理。

（4）自我保护技巧：教授简单的自卫术以及如何在危险情况下寻求帮助。

（5）校园资源：介绍学校和社区的安全资源，如校警、心理咨询中心等。

4. 英雄事迹分享会。邀请公安系统中的先进模范英雄人物来校举办分享会，讲述他们在打击犯罪、保护人民安全中的英勇事迹。通过这些真实感人的故事，激励学生树立正确的价值观和人生观，学习英雄们无私奉献、勇于担当的精神。我们可以采用多种内容和形式开展英雄事迹分享会。

（1）介绍英雄事迹。邀请公安英模分享他们在工作中遇到的感人故事和经历，突出他们的奉献精神和勇气。

（2）了解他们工作中的挑战。讨论他们在执法过程中面临的困难，以及如何克服这些困难。

（3）开展法治教育。通过英模的故事，引导参与者了解法律的重要性，增强法治意识。

（4）设置互动问答。设定时间让参与者提问，增强互动性，让大家更深入地了解公安工作的方方面面。

（5）通过视频资料学习。播放有关公安英模的短片或纪录片，以生动的画面增强现场氛围。

（6）加强情感分享。鼓励参与者分享自己与公安的故事，增强社会对公安工作的理解和支持。

5. 培养优良纪律作风。我国公安机关坚持政治建警、全面从严治警，着力锻造一支有“铁一般的理想信念、铁一般的责任担当、铁一般的过硬本领、铁一般的纪律作风”的公安铁军。公安机关坚持把理想信念教育作为育警铸魂、固本培元的战略工程常抓不懈，坚持严在平时、管在日常，使全警真正养成知敬畏、存戒惧、守底线的高度自觉。对违纪违法问题，始终保持“零容忍”，不管是“老虎”还是“苍蝇”，无论是黑恶势力等违法犯罪的“保护伞”还是群众身边的“微腐败”，都要依纪依法严肃查处。

在推广警营文化过程中，可以借鉴公安机关的严格纪律和“忠、真、智、勇、廉”的优良作风，在校园内开展纪律教育活动。通过制定并执行严格的校规校纪，培养学生遵规守纪、自律自强的良好品质，为将来的社会生活打下坚实的基础。

（二）少年警校安全教育质量的提升

第一，协同合作，共建少年警校。“警—校—社”协同合作共建少年警校，是一种多方参与、资源共享、优势互补的办学模式。在这个模式中，公安机关、学校和社会组织共同参与少年警校的建设与管理，共同为青少年提供法治教育和安全素养培养。通过这种协同合作，各方充分发挥各自优势，实现资源共享，提高办学效率；各方优势互补，提升教育质量，促进社会参与，形成良好的社会氛围。“警—校—社”协同合作模式也有助于拓宽教育资源，提高教育质量，培养符合社会需求的人才，实现多方共赢，共同推动青少年法治教育的发展和安全素养的提升。基于各地相关探索实践，公安机关可委托警察协会、公安院校来承担相应职责。

第二，强化制度保障，推动少年警校持续发展。健全完备的法律、法规是推动少年警校规范化、法治化发展的重要举措，能够为少年警校的建设提供法律依据。首先，有关少年警校的法律、法规有待制定和进一步完善，以明确少年警校的性质、任务、组织管理、经费保障等方面的规定，为少年警校的建设提供明确的指导和依据。其次，少年警校的教育内容、教学方法和质量评价标准亟待明确，以确保少年警校的教育质量。同时，少年警校的正常运行仍然需要相关法律、法规的监督和管理，确保少年警校的合法合规运行。通过建立健全法律、法规，为少年警校的建设提供坚实的法律保障，推动少年警校的持续健康发展。

第三，完善运行机制，确保少年警校整体效能。明确组织目标，制定组织发展规划，确立培养青少年法治意识和安全素养的核心目标，确保少年警校的教育活动始终围绕这一目标展开。组织目标的设置应紧扣发挥少年警校职能。组织目标除了仍要继续实现少年警校法治教育功能和价值引领功能外，更应该进一步关注少年警校的传播管理职能和合作管理职能，即凸显少年警校的公共关系职能。根据教育目标，制定各级少年警校的中长期发展规划，明确各阶段的工作重点和目标。要针对本地区少年警校的层级定位、影响范围、品牌建设等需要长期建设的内容设定目标，也应当随着社会环境的改变而做出及时调整。①

① 胡婧，浙江省警察协会课题组．以少年警校为重要抓手　推进警察公共关系建设——全国警察协会少年警校工作的理论与实践［J］．公安研究，2024（6）：5-22.

专题九　公安院校送教进校园：中小学校园暴力防治教育新路径

公安院校是培养人民警察的专门教育场所，公安院校公安专业学生是未来的人民警察，他们在学校系统学习了相关专业知识，对法律知识、社会安全知识有了较为全面的掌握，有序组织公安专业学生深入中小学校，开展安全教育宣讲活动，是对国家提出的“三下乡”活动的具体实践，既可以促进学生了解基层、服务基层，也为中小学校在安全教育建设方面提供了新的实践路径，为提升中小学校安全教育效能提供了新的方法。为贯彻“三下乡”活动，全国各地公安院校每年都要组织学生深入中小学校开展法治科普宣讲活动，并产生了不错的影响。湖南警察学院近几年每年都有学生深入中小学校开展校园暴力防范安全教育宣讲活动，得到了各界高度评价（见附录四）。为了更好地提高活动效能，有必要进一步认识活动的意义、不足和加强活动改进建设。

一、公安院校学生开展中小学校园暴力防范安全教育活动的意义

公安院校学生是未来的人民警察，是维护社会治安不可缺少的预备力量。他们在中小学校园开展校园暴力防范安全教育宣讲活动，本质上属于“公安机关与地方中小学校合作，共同开展青少年法治教育、安全教育和其他相关活动的教育模式范畴。这种模式通过警校之间的紧密合作，实现资源共享、优势互补，旨在提高青少年的法律意识、自我保护能力和道德素养，同时促进校园安全和社区和谐”①。他们的行为所带来的社会效益是人民群众建设文明校园所想要的，也是人民群众实现安全生活所希望的。

① 胡婧，浙江省警察协会课题组．以少年警校为重要抓手　推进警察公共关系建设——全国警察协会少年警校工作的理论与实践［J］．公安研究，2024（6）：5-22.

具体来说，其意义主要体现在以下几个方面：

（一）传播警营文化，引导青少年儿童树立正确的安全观

警营文化是红色文化，是正义文化，是通过各种机制、手段、思想、纪律、制度保障人民警察树立正确的安全观念，提高执法技能，实现全心全意保护人民生命财产安全目的的特色文化。警营文化，本质是保障人民安全，核心是弘扬警察精神。归根结底，就是如何发扬警察精神，充分保障人民安全。所以，安全和警察精神是警营文化的关键要素。对于警察来说，安全需要从精神角度去正确解读，也就是说，在困难危险面前，警察要有正确的安全观思想，不能脱离警察精神谈安全。对于警察职业行为来说，安全观就是基于维护正义，为了减少伤亡而做出科学、合理、可行的行为，即维护安全不仅需要体现出正义，还要充分体现出勇敢、机智、谋略。对于普通个体来说，人民也需要这种安全观思想，因为只有大家都具有这种安全观思想，个体才能制造平安，社会才能安定。所以，走进中小学传播警营文化，就是告诉中小学生如何构建正确的安全观思想。

（二）传播法治文化，引导青少年树立健康的正义观

正义是与社会发展同向而行的，是推动社会发展的正向力量，是正能量的，是值得提倡的文明行为。有时候虽以暴力形式体现出来，却是人民维护公共自由权利所需要的。这种行为虽是暴力的，但是合法的，是基于法律制度下的暴力手段。法律规定，我们要抵制暴力，但也不能缺少用合理的暴力来抵制非法的暴力。法律制度的维护既需要“文明的精神”也需要“野蛮的体魄”。站在法律制度下，作为社会中的一员，要敢于伸张正义，保护法律规定的人的权利，这种权利的保护，就是个人做出权利维护的义务。享受自由是权利，维护自由是义务。当有人破坏自由时，其他人就有义务抵制它，这就是正义。法律既规定了人的权利，也规定了人的义务。维护法律规定的权利和义务就是正义的行为。因此，面对校园暴力行为，我们传播法治文化，就是希望帮助青少年树立法治观念，理解法治下的权利和义务，通过法治权利观和义务观建立健康的正义思想。正确认识非法暴力行为，并坚决抵制，倡导维护公正平等、和谐有序权利的正义行为。

（三）传播自卫文化，引导青少年树立正确的正当防卫观

自卫就是当别人侵犯自身权利时做出的法律允许的保护性行为。正确合理实施自卫，要了解自卫的四个含义：一是要知道自卫的对象是正在侵犯我权利的人，不是已经或过去侵犯我权利的人，更不是别人；二是自卫的公正，要知道自卫行为是为了阻止对方的非法行为，是为了寻求法律上的平等，而不是为了剥夺对方生命权，在权利维护上是与对方生命权维护对等的；三是自卫的手段，要知道自卫的目的是终止对方行为，在手段上可以讲求不一样，但在手段实施的目的、约束，甚至是对其身体的伤害及程度上是对等的，否则就是自卫过当，因此手段要合理；四是自卫是有时限的，要知道自卫的行为是在对方行为正在发生时，当对方行为终止或已过去，不存在延续性时，维护权利的行为也得终止。这就是自卫文化，与法律上规定的人的正当防卫是一致的。我们传播自卫文化，就是希望帮助青少年正确了解自卫手段的实施，树立正确的正当防卫观。面对校园暴力行为，能把法律规定的人的正当防卫权合理运用到自卫手段实施上来，做出合理的保护性行为，既要做到保护自己，也要做到维护对方合理人权。

二、公安院校学生开展中小学校园暴力防范安全教育活动的不足

（一）主题鲜明，知识涉及面不够

公安院校学生利用寒暑假深入中小学校园，针对校园欺凌、暴力行为，积极开展法制教育宣讲活动，主题是明确的。当前校园欺凌、暴力行为在一些地方一些学校确实存在，大大小小的校园欺凌行为可能就在我们身边，极端的暴力行为也可能某一天就发生在我们学生身边。因此，让中小学生树立防范意识，构建法制思维，开展以防范校园暴力为主的“三下乡”校园安全教育宣讲活动还是很有意义的。但是，公安院校大学生宣讲的知识涉及面还有待扩展，具体体现在：一是对校园欺凌、暴力行为的分辨、定义不是很明确，对极端暴力了解不够。校园暴力和欺凌是两个不同的概念，不能混为一谈，它们之间既有相同点，也有不同点。要引导学生正确分辨这两种行为，特别是学生之间的不友善行为、开玩笑行为，友善

的打闹行为，不能简单地认为是校园欺凌行为，更不能说是暴力行为。二是在防范措施的实施上不能区别对待。不同地区、不同对象、不同行为要有防范措施的区分度，针对欺凌行为和暴力行为要有不同的防卫措施。三是宣讲法制文化、道德文化、行为文化时，紧跟时代发展主轴的力度不够。没能根据时代发展搜寻新思想、新知识、新技术，没有充分体现总体国家安全观思想，不能借鉴新时代学术思想中的新观点来推动基层基础安全教育变革。

（二）对象明确，方法科学性不够

大学生“三下乡”主题活动，一般对象都是很明确的。校园暴力防范安全教育主要是针对中小学生，因为中小学生处于成长阶段，可塑性强，既容易接受新鲜事物，也容易误入歧途。因此，需要点对点、面对面进行帮扶，这样有利于学生健康成长。一般从心理上讲，学生对新事物都会有一个时间的新鲜期，他们对陌生的大学生的思想、行为、观念都会抱有好奇心，甚至是仰慕心。因此，引导得当的话，很容易产生共鸣，甚至有时宣讲者一个细微举动、一句轻言细语、一个小故事都能改变倾听者的不当思维。尽管我们的法制宣讲活动对象很明确，但是在方法上还是存在科学性不够等问题，主要体现在：不论对中学生，还是小学生，都是千篇一律的技能演示和知识宣讲，没有区分度和针对性。不同年龄阶段对事物的理解、接受是不同的，不能以外在热闹形式掩盖事物的真正目的。例如，展示技能，小学生需要精彩热闹；但初中生就要提供实在的点对点的技能帮助，诸如如何进行防卫，如何自救、互救；而对于高中生，就更需要通过技能展示从思想层面上来引导他们树立勇敢向上、团结奋斗的斗争精神。又如，针对校园欺凌行为的辨别、防卫知识，如何运用校园欺凌实例来讲透法理情，这就需要根据具体对象把同样的内容用不一样的形式来体现知识的趣味性、思辨性，以吸引不同年龄阶段的学生的注意和思考。

（三）组织有序，参与互动性不够

公安院校学生都经过了学校专门培养，在组织纪律、作风、能力等方面都是很不错的。对于活动过程的有序组织彰显了公安专业学生的高水准，充分展示了公安学子的精神和能力。从活动过程来看，学生积极性很高，但不足的是在活动中公安专业学生与参加活动的中小学生互动不够，具体体现在：一是没有引导这些学生从身边事物中发现自身或他人的行为问题，没有引导他们说出平时生活学习中存在“欺凌、暴力”的所见所闻所想，个人是怎么认知的。二是不能指导这些学生现场参与情境体验，不能现场设计情境、现场组织学生开展演示活动，没有根据学生表现现场进行讲解，如在被欺凌、暴力时，如何自救、互救，遭到极端暴力行为时如何发现、如何逃生。三是时间短，不能现场组织学生开展基础性技能学习；不能设置场景组织学生进行知识技术运用练习；不能进行一些更为深入的互动交流和探讨，以及一些互动性强的练习活动。

（四）技术单薄，科技运用不够

当今时代，科技发展日新月异，科技成为一个国家民族发展不可缺少的重要因素。如何把科技运用到安全教育中，赋能中小学校园安全建设，也是我们需要深入思考的。公安院校学生在学校都受到了科技程度化比较高的教育训练，对相关科技信息有一定掌握。但从这些活动开展来看，宣讲团队组成力量在技术上略显单薄，尤其在科技运用方面。一次宣讲活动，除了展示除暴安民的专业技能，体现维护社会治安的扎实知识，以及其他过硬的政治素养，还要充分体现出必要的科技素养，要通过科技运用，向学生传递科技知识，帮助学生建立科技概念。这方面还存在不足，具体体现在：一是校园欺凌、暴力事件，及其防范相关信息量不多，不能利用互联网搜寻更多有教育意义的相关案例、防范方法以及别的好的做法。二是宣讲手段传统，不能利用数字技术为中小学生开展具有数字化操作技术含量的校园暴力防范安全教育讲座报告；不能做到既宣讲主题知识也为学生展示丰富的数字文化，让学生加深对数字化技术的认知。

（五）重在宣讲，基层调研不够

安全教育宣讲活动是件有意义的事情，本意是传递安全知识，帮助学生建立安全理念，健康成长。但宣讲活动的本源是来自中小学校，是来自学校的安全问题以及安全教育问题。因此，除了宣讲所掌握的技术文化，还应深入这些学校进行调研，掌握中小学校最基层最深入的问题，这样才能让宣讲在下一次变得更有意义。基层调研这方面做得不够，主要体现在：一是不能和中小学校师生进行面对面交流，掌握一些平时生活中的碎片化信息；二是不能设计调查问卷、开展问卷调查，以致所掌握信息不全面，看到的只是表面；三是不能深入访谈，没有主动向学校领导、老师了解学校在校园欺凌、暴力防治教育等方面的相关方案、制度、措施，以及课程教学、主题教育活动的开展情况，以致我们习惯凭某个特定案例就否定学校整个防治成效。

三、公安院校学生开展中小学校园暴力防范安全教育活动的改进

2020 年 11 月，《习近平与大学生朋友们》一书由中国青年出版社出版，引发了全国广大青年的学习热潮。全书讲述了习近平总书记在河北正定、福建、浙江、上海和到中央工作以来，与大学生们交往、交流、交心的故事，真实记录了总书记对青年特别是大学生始终如一的关注、关心、关爱。总书记提倡年轻人要“自找苦吃”，需要多到基层去磨炼、去“接地气”、去“自找苦吃”，在实践中锻炼提高分析问题和解决问题的能力。[①]同样，公安院校也要鼓励号召我们广大公安学子积极下基层去实践，从实践中得到成长。既要高度肯定公安专业学生开展“三下乡”校园安全教育宣讲活动的成效以及他们的表现，同时也要指出不足，对“三下乡”活动进行针对性指导和管理，推动“三下乡”活动更好地开展。

（一）加强拓展学习，紧跟时代主轴

新时代，总体国家安全观建设是我们国家走向现代化强国的建设主轴。我们要紧跟这一主轴，加强领域拓展学习。总体国家安全观涉及很多方面、很多领域，应该说祖国建设的方方面面，都是总体国家安全观思想所要考虑的范畴。因此，我们要加强各个方面、各个领域的学习，拓展知识层面，广泛吸取知识，用新思想、新知识、新技术为国家安全建设服务。要深入校园安全这一基层基础实际情况，从校园安全内涵向外延伸其价值意义，全面学习相关文化知识，扎实构建良好的法律素养、思想道德素养、行为素养、教育素养、传统文化素养、科技素养，用宽厚的素养为中小学生传递安全观，从不同安全领域、安全层面，帮助中小学生构建一个健康的国家安全观思想。

① 本书编写组．习近平与大学生朋友们［M］．北京：中国青年出版社，2020.

（二）熟悉方法论，科学运用方法

运用什么方法来自宣讲对象，以及我们的实践目的。列宁认为："马克思主义者从马克思的理论中，无疑地只是借用了宝贵的方法。"① 马克思主义方法论体系中有三个层次：总体层次的方法是马克思主义的整个世界观，它是指导社会主义运动的"活的行动指南"；基础层次的方法是唯物辩证法，它是"马克思主义中有决定意义的东西"；核心层次的方法是"对具体情况作具体分析"，它是"马克思主义的精髓，马克思主义活的灵魂"。我们要学会运用马克思主义方法论，以马克思主义方法论来指导我们的宣讲活动开展。我们的目的是促成中小学生健康成长，构建正确的法制观和防范思维，这个目的就是我们整个活动的行动指南，也是对马克思主义世界观的充分体现。因此，科学运用方法，首先，我们的目的要明确。另外，我们采用什么方法，传递什么技术、观念，都是以中小学生实际情况来确定，不是凭空设想的，这就是唯物辩证法的体现。其次，我们还要充分判断学生需要什么，我们能带来什么，怎么带来。最后，科学运用方法，还要熟悉青少年成长特点和教学规律，这是对具体情况具体分析的方法论的体现。要掌握青少年发展规律和各年龄阶段的成长特点，做到内容形式和手段的统一，满足不同学生的兴趣和感官需求。

（三）有序到自由，积极引导互动

自由与秩序既相互冲突又相互依赖，但归根结底有序是为了实现自由。人是社会中的人，因此人不能脱离社会秩序的制约，也就是说，人只能在秩序维护下才能实现自由。亨廷顿曾指出："首要的问题不是自由，而是建立一个合法的公共秩序。人当然可以有秩序而无自由，但不能有自由而无秩序。"② 这说明任何事情都要做到自由而有序，这样才能实现人的主观目的。校园安全教育宣讲活动也是一样，有序组织的目的就是实现学生的自由，这种自由就是让在场学生充分实现自主性，充分表达自己的观点，获得帮助。因此，我们开展宣讲活动，要从有序到自由，调动学生的积极性和热情，让他们主动参与进来。做好有序工作：一是资料的有序。

---

① 中共中央马克思恩格斯列宁斯大林著作编译局．列宁选集（第1卷）［M］．北京：人民出版社，2012：60.

② ［美］塞缪尔·亨廷顿．变化社会中的政治秩序［M］．王冠华，等，译．北京：三联书店，1989.

讲什么，用什么资料，要考虑周全，准备到位，资料整理排列有序，富有科学和意义。二是内容设计的有序。宣讲的技术、文化要精心设计，讲什么故事、讲什么文化、讲什么技术，从哪里开始，前后顺序，怎么收场，都要做出科学安排，不是信口开河、东拼西凑、漫无章法。三是方法的有序。讲什么内容，用什么方法，在什么场地，用什么工具，如何配合，谁主讲，谁辅助，都要科学有序。在这样的一个有序化进程中，我们再强调尊重学生自主性，引导现场的中小学生进行互动，解答他们的疑难问题，或者帮助他们获取想要学到的防卫技术。

（四）注重数字技术，丰富活动资源

现代社会发展变化很快，数字化技术成为我们生活工作中重要的部分。开展安全教育宣讲活动既要重视传统文化，也要重视现代科技文化；既要采取传统手段，也要引入现代数字化手段，使我们的活动资源丰富多彩。早在2011年文化部和财政部出台的《关于进一步加强公共数字文化建设的指导意见》就指出：在数字化、信息化、全球化的时代背景下……结合人民群众不断增长的精神文化需求，将信息技术、数字技术、网络技术等现代科学技术和传播手段应用于公共文化服务体系建设，进一步加强公共数字文化建设，是适应时代发展的必然要求和战略选择。公安院校大学生开展“三下乡”主题活动，也需要结合主题思想，利用数字技术，既丰富活动资源，也传递数字技术概念。一方面，利用数字技术，制作微视频、微课件，转化成活动资源。对于一些难以在现场展示的校园欺凌案例，可以通过事先做好微视频，现场通过手机或电脑展现在学生面前，辅以活动开展。另一方面，利用数字技术制作安全防卫技术App，把相关内容，如难点技术、现场不能完成的技术，可以事先转化成数字知识，告诉学生通过扫描二维码就可以自主学习或者获取其想要的一些帮助。

（五）以问题为导向，深入基层调研

马克思指出：“问题就是时代的口号，是它表现自己精神状态的最实际的呼声。”① 告诉我们：要重视社会发展中存在的实际问题，寻求解决方法。习近平总书记也强调：“每个时代总有属于它自己的问题，只要科学

① 中共中央马克思恩格斯列宁斯大林著作编译局．马克思恩格斯全集（第40卷）［M］．北京：人民出版社，1982.

地认识、准确地把握、正确地解决这些问题，就能够把我们的社会不断推向前进。”校园暴力是中小学校园安全建设中不能忽视的问题，学校要以解决这类问题为导向，加强安全教育建设。为了协助各级学校开展安全教育，公安院校学生走进中小学，积极开展校园暴力防范安全教育宣讲活动是值得提倡的，但是要引导公安学子不断深入中小学校园开展调研，从校园实际建设中获取真实资料，认识问题的根源所在，积极开展相关学术研究，寻找解决问题的科学对策，进而转化成宣讲内容，这样会更有意义。因此，要引导公安学子做实调研工作，指导他们开展创新学术研究。如何做好调查研究，要引导他们做到勤问、勤看、勤写、勤思：一是要主动深入中小学师生之间，不断交流，发现问题。二是要通过活动不断观察中小学生表现，通过实地观察学校环境，通过实物掌握学校相关文件、制度，以及课程、教育建设情况。三是积极用文字记录工作。对于每次宣讲成效都要及时记录，总结经验和不足；要积极设计问卷，发放问卷，并及时记录调查情况。四是要积极思索，寻找规律。要针对问题，主动深入思索，从不同角度去研究和发现规律。真正做到勤于学、敏于思、笃于行。

专题十　中小学生生命安全教育理念与防范常识

习近平总书记在中共中央政治局第二十三次集体学习时指出，当前，我国公共安全形势总体是好的。同时，我们要安而不忘危、治而不忘乱，增强忧患意识和责任意识，始终保持高度警觉，任何时候都不能麻痹大意。维护公共安全，要坚持问题导向，从人民群众反映最强烈的问题入手，高度重视并切实解决公共安全面临的一些突出矛盾和问题，着力补齐短板、堵塞漏洞、消除隐患，着力抓重点、抓关键、抓薄弱环节，不断提高公共安全水平。公共安全暴力袭击是严重影响社会治安的重大社会问题，除了全民综合防治措施外，也需要加强学生生命安全教育，保障学生知晓一些必要的防范常识，这也是综合防治体系中国民防范力量比较薄弱的一面。加强生命安全教育，保障学生构筑必要的安全意识，是推动社会治安建设的软实力部分，能在一定程度上对社会治安处理效果起到举足轻重的作用。

一、重视学生生命安全教育

（一）“三重三轻”现象

校园生命安全教育是公共安全建设重要的部分。当前，中小学校普遍存在“三重三轻”教育现象，一定程度上阻碍了学生生命安全意识的构建，需要引起高度重视。

1. 重科学技术教育，轻传统文化教育。现代科学技术是我国建设现代化国家不可缺少的部分，但在强调现代科学技术教育的同时，也要抓好校园传统文化教育。中国传统文化是智慧型文化，有利于现代科学技术的价值转化。我国传统文化是以生命价值追求为核心，寻求如何做人、如何做事、如何构筑社会关系的中华民族思想体系。对于生命教育来说，传统文化教育更能让人的一生具有意义。然而，一些中小学校的校园安全教育往往忽视了传统文化熏陶教育。尤其在农村地区学校，传统文化教育开展程度要低于城镇学校。而城镇学校开展传统文化教育在形式、内容、力度等方面又有差别。校园欺凌和暴力行为的发生，往往缺乏的是一种健康文化对学生明辨是非思维的引导。在生命教育实践上，很多学校并没有认识到中国传统文化对人的智慧教育的重要性，没有关注到中国传统文化具有的“道德情感”和“人文关怀”的功能本质，更没有深入到如何全员、全方位、全程、多途径开展中国传统文化教育。

2. 重学科成绩教育，轻身心健康教育。我国各地中小学校重视学科知识教育，因为这是基础教育重要的部分。但教育不能只强调学科知识成绩的取得，现代化建设人才的培养需要加强中小学生身心健康教育，塑造学生健全的人格。然而，在党和政府高站位提倡素质教育的同时，却仍然有很多学校教育的重点是提高学生的成绩，而忽略孩子本身身心健康的教育。中学阶段是学生人格塑造最关键的时期。但是，一些中学对孩子的身心健康教育程度却还要低于小学阶段。因为高中、初中普遍追求升学率，各种学习压力往往不同程度地造成学生身心负担，而学校因为工作重心的偏差又很难及时准确发现和判断学生身心行为是否出现问题。身心健康教育的缺失往往会使一些“问题学生”的人格得不到及时扭转；使受暴力的学生产生的心理阴影和人格认知错误得不到有效改观；而一些旁观者“事不关己”的心态更是会影响这些学生的健康成长。中小学生“三观”可塑性强，但是一旦传统素质教育缺失，学生因为校园暴力而产生自我否定的价值取向，会直接对自身人格的发展产生不利影响。

3. 重安全保卫力量建设，轻安全科普教育。很多中小学校为了学生安全，在上学、放学的重点时间段、重点部位加强了安保措施，更是与当地公安机关联合开展校警联合执勤。虽然许多学校安保力量得到加强，但在安全科普教育方面做得却远远不够，尤其在学生个体“自身安全”和同学间“共同安全”这一新要求和内在关系的科普教育上有偏离，影响了生命教育中学生对“真善美”的正确认知。在安保方面，城镇学校的安保明显强于农村学校，但在安全科普教育方面，城镇学校和农村学校并无多大区别，而且安全科普教育往往都聚焦于形式上的宣传。一些研究表明：在中小学校，小学生和初中生打架的发生率是比较高的，然而对减少校园暴力而言，安全教育和法治教育却并未起到多大作用，这就说明我们的生命安全教育并未深入学生学习生活中，需要做出改革，加大深度、广度、力度。虽然现在我们大多数学校都认识到了安全教育的重要性，但现实中的许多工作仅停留在口号宣传和务虚会议强调上，忽视了生命安全技术科普教育，形式化主义现象严重，教育未能发挥出实际作用。

（二）“三融三建”教育路径建设

针对上述现象，要以党的二十大精神为指引，遵循生命安全教育、以人为本教育、全面发展教育等教育原则，抓实抓好“三融三建”教育路径建设。

1. 融入文明校园，深化中国式文化教育环境建设。校园是传承中国传统文化、创新传统文化形式和创造传统文化价值的主阵地。传统文化扎根校园，决定着学校对我国社会主义人才培养的质量，以及中国未来的文明程度。要把“反暴力”安全教育融入校园文明建设中，通过深化传统文化教育影响学生思想行为，促进校园建立社会主义新风尚。一是要积极开设并完善传统文化课程。要根据学生成长规律，有序开设校园传统思想文化课程、校园传统道德文化课程、校园传统体育文化课程、校园传统艺术文化课程、校园传统法制文化课程等，构建完整的传统文化课程体系，满足全学段的文化教育活动开展需要。二是要广泛并常态化开展特色文化活动。要积极开展中华武术习练活动、传统体育竞赛活动、传统音乐艺术传承与表演活动、经典故事每周一讲活动、诗词朗诵竞赛活动、古典名著阅读活动、模范事迹报告活动、身边榜样我宣传活动等有中国文化特色的教育活动，构建丰富的有民族特色的活动体系，满足学生青春成长期的身心变化体验教育需要。通过课程教学和特色活动开展，引导学生感悟中华传统文化精神和思想精髓，培育快乐和谐、自信自强、团结互助的新时代校园精神。

2. 融入健康校园，深化中国式健康教育环境建设。中国式健康教育是集体质、心理、道德于一体的马克思主义思想品质教育。学校教育要强化学生身心健康发展教育，努力发展学生健康的思想、健康的身体、健康的道德情感，为杜绝校园暴力创造良好的个体条件。一是要创新建设健康教育体系，让身心素质教育正规化、体系化。要改革旧课程、开发新课程，具体来说要创新建设体育与健康课程、挫折与心理调适课程、道德与品质课程、安全与防卫课程等身心素质课程，形成覆盖全学段教育的系统化的健康教育体系。二是要抓教师职业化成长，树教师榜样，发挥教师示范作用。教师是学生的引路人和模仿对象，教师良好的一言一行对学生有着很好的范式影响。要重视教师的职业化成长建设，找典型、树榜样，激励教师积极向上，传播正能量，以身心健康形象展示在学生面前，更多更好地引导学生健康成长。三是要组织教师全员干预，管住每一个成长节点、每一个成长变化。要通过机制建设动员组织全体教师做学生成长的指导老师，激励教师主动作为，通过各种途径及时鉴别、发现和掌握易受害人群、易施害人群，并进行针对性的家访、关心和教育，及时纠正"问题学生"的不良想法和行为，把暴力、悲观、惶恐等不健康思想遏制在萌芽状态，手把手、心连心牵引着他们走在健康的成长路上。

3. 融入安全校园，深化中国式科普教育环境建设。新时代，科普教育成为我国现代化国家建设的重要手段。在学校全学段教育中，要始终把生命安全思想贯穿于教育始终，面向学生广泛科普各种自救、互救的技术知识，培育学生生命保护能力，使学生都有胆识面对，有技术抵御校园欺凌行为和暴力行为。一是加强校警合作教育。学校要与公安机关建立长期的教育合作关系，与辖区公安机关建立点对点的科普教育基地，利用公安机关在法治和安全防护方面的优势和资源，加强合作、共同发力，通过多种形式，科普法律知识和相关安全技术，帮助学生建立正确的法律敬畏感和正当防卫观。二是要建好智慧教育课堂。学校要组建智慧教育团队，全面开展安全科普教育，向学生普及校园暴力防范基本知识技术。要通过定期授课、讲座、报告、演练等教育活动形式，为学生讲好案例、讲好故事、讲好榜样、讲好技术，告诉学生怎么识别、自救、互救；为学生讲清学理、道理、情理、法理，告诉学生如何提高自身防范能力，让学生知道为什么学、学什么、怎么学，力求提高校园安全教育效果。

二、强化学生生命安全防范措施

（一）警惕他人的攻击行为

人和人之间可以产生自由交往，同时人和人之间也能产生矛盾冲突，伤害就来自人的攻击性。情境差异、个体差异、性别差异和文化差异都是主要因素，都会引起人的攻击行为。

1. 人际矛盾影响：人的相处难免会出现矛盾，当人际矛盾越来越大时，毫无疑问，更可能侵犯那些挑衅、孤立、威胁或者伤害自己的人。当人被拒绝、排斥与奚落时，也会诱发攻击行为。所以，与人和谐相处是交往要求，但一旦产生不可调和的矛盾时，要警惕攻击行为的发生。

2. 痛苦和挫折影响：当人经受一种意想不到的剧痛时，会怒火中烧，往往迁怒于离自己最近的目标。当人遇到挫折时或者在实现目标的过程中受到阻碍时，也可能表现得具有攻击性。所以，在工作生活中，不论是身边的朋友还是同事，遇到痛苦和挫折时，首先不要去讥讽，同情和安慰是必要的；当他们愤怒时，不要指责埋怨，也不要第一时间去干扰。第一时间干扰那些心情不好的人，很有可能会遭受对方的怒气，于是冲突就有可能产生，进而攻击行为也有可能在双方之间发生。

3. 药物影响：经常服用一些化学物质也会对攻击性行为产生影响，如毒品、兴奋剂等。当人的自主神经系统处于兴奋状态时，可能会错误地把这种生理唤醒归因于愤怒，幻想有人加害于自己，从而产生攻击行为。因此远离吸毒人群，不要不经意间把自己当成吸毒者的敌对目标。

4. 酒精影响：酒精能麻痹思想，但到了一个临界值时也会让人产生亢奋，引发攻击性行为。这类物质能够活跃我们的大脑前额皮层，降低人们对于暴力行为的控制能力，从而导致不可控的攻击行为。所以，远离酗酒的人，不要刺激喝酒的人，一旦发生矛盾，攻击难以避免。

5. 高温环境的影响：高温环境往往会激起人的烦躁情绪，使人在被挑衅或受挫时更容易发脾气，产生攻击性行为。高温环境下都要学会退让消气，否则就会造成互相攻击。当然，要尽量避免在高温环境下长期工作，否则一点小事难免产生烦躁情绪，迁怒于身边的朋友、家人和同事。

6. 媒介物影响：经常观看暴力视频也会提高暴力发生的可能性。一个人在儿童时期看的暴力节目越多，进入少年和青年时代表现出的暴力思想和行为也越多。绝大多数孩子，包括以前没有强烈攻击倾向的孩子，在较长时期内观看高强度的暴力视频后，会比那些收看良性节目的孩子表现出更多的攻击性。经常观看暴力视频，不仅减少了对暴力的恐惧，还降低了对受害者的同情，对暴力的容忍度增加，也更容易导致对别人做出攻击性行为。

7. 人格特质影响：当面临相同的情境，如侮辱，人的侵犯行为的倾向是有差异的，某些人格特质能结合在一起创造出一个具有暴力倾向的危险个体。一般来说，负面情绪水平高、易冲动而不容易接近的人尤其具有暴力倾向。个性情绪化严重的人也会产生冲动行为。脾气暴躁的人在矛盾中攻击性概率是非常大的。所以，为人处世要特别注意人格特质，一言一行要谨慎对之。

8. 性别差异影响：一般来说，男性比女性更具有身体侵犯性。也有研究指出，女性比男性更具有间接侵犯性，如散播谣言、八卦、挑拨离间等行为。

9. 文化差异影响：文化影响生活。不同的文化内容、层次、素质对生活影响也不同，有些文化可以塑造侵犯行为。不同地域文化环境不同，特别是过于崇尚武力的地域，往往更会引发一些暴力行为。另外，个体文化水平差异对暴力行为也有一定影响。文化素质高的暴力行为发生可能性会低一些，文化素质低的暴力行为发生的可能性就会高一些。

（二）正确应对暴力危险

创造安全环境，人人有责，不能置身事外。生活中的很多暴力行为是我们意想不到的。一旦这些行为降临到自己身上，面对暴力危险怎么办呢？当然，要具体情况具体对待，但最起码要做到：一是尽量避免斗嘴的矛盾转化成动手的矛盾，大事化小，小事化了，忍一忍无妨，无伤大雅。二是发生暴力袭击时，尽量避免伤到自己。特别是碰到持利器砍杀行为，尽量提前发现，提前跑离躲避。躲避不了也要冷静勇敢对待，不可惊恐犹豫，也不可盲目冲动。三是尽量在暴力袭击中灵活应对，避免受到再次伤害，甚至更大伤害。一旦发现对方对自己动手了，要根据自身情况，灵活应对，做出恰当的应急防护行为，避免受到二次、三次甚至更大的伤害。四是遇到校园霸凌，尽量避免事态、伤害范围扩大，要做到一看、二说、三防、四跑开、五报告。一看，就是看周边情况；二说，就是跟对方沟通；三防，就是一旦对方动手就要即时防卫；四跑开，就是躲避攻击的同时制造机会及时跑离；五报告，就是立即跟家长、老师报告情况，寻求帮助。五是对于校园要挟行为，要敢于说不，不要屈服。六是遇到校园暴力要敢于发声，共同抵制。校园中有些矛盾可以通过沟通解决，有些校园暴力行为可以通过互救降低危害。因此，我们每一个同学都要提倡互救互助的优良传统，共同抵制暴力行为。

（三）加强安全防范措施

1. 巧用身上物品。出门在外带点必要物品既可以防身，又可以解决路途生活之需。关键时候，身上的每一件物品都有可能保护自己，避免受到更大的伤害。当危险来临时，任何场合，在相对安全的情况下，只要来得及让自己施展动作，不妨利用身上的物品，做出果断严厉的反击，往往会起到意想不到的反杀效果。当然，在无法第一时间做出应对与逃生时，不妨放弃反抗，等待机会，如自己被劫持了，这时就要善于根据施暴者的行为和语言，来判断其心理状况。有时候施暴者尽管行为暴力，但并不是出于自己的本意，有的施暴者本人也处于胆怯状态，有的施暴者对于要不要杀害一个人还处于不坚定状态，这时可以伺机制造机会，出其不意利用身上物品奋起反击，及时挣脱。但这种举动也有可能带来更大的风险，所以要善于冷静分析，不可盲目行动。总之，视情况利用身上物品，也是为自身争取一个脱险的机会。人的身上总有一些物品可以使用，如发髻、梳子、化妆笔、装饰物、帽子、手机、眼镜、钢笔、手电、开酒器、钥匙、提包、电脑、背包、雨伞、拐杖、高跟鞋、衣服、腰带、打火机、充电器等，尤其是那些具有硬度、受力面积小的物品更为合适，只要击中对方要害，待对方做出本能生理反应时，是可以给自己制造逃脱机会的。要相信人都有生理本能反应，任何东西触及或伤害到自身，都会在第一时间做出本能的保护逃避反应。例如，因为疼痛而产生的短时间的停顿；因为怕受到伤害而本能地做出举手、后闪等生理应激反应，这都是脱险的机会。有时候朝对方脸上吐痰、吐口水也可以制造一次救命的时机，重要的是善于抓住、把握机会，果断出手。

这些物品很多，不一一列举，记住尖尖的、硬硬的物品要用来戳眼睛、面部、耳朵、颈部、裆部等痛感强的部位。当对方衣服穿得多时，切记不要戳对方腹部、肋部，起不到痛的效果。如果是平平的、硬硬的物品，就要用来用力拍打、撞击对方脸部或头部。

2. 外出勤于观察。在日常工作生活中，我们不可能不出门，不可能不去公共场所，不可能不乘坐交通工具。只要出门在外，皆有可能遇到暴力袭击。但是，如果能提前进入防范阶段，或许可以降低暴力袭击概率或减小一些暴力袭击带来的伤害。什么才是提前进入防范阶段呢？除了出门之前做好必要的保护措施外，出门在外，一定要随时观察四周环境，如周边的人群、周边的物品、周边的路线、周边的房子、周边的其他公共设备等。为什么要观察这些呢？一方面可以为我们遇到袭击时能快速跑离找到更好的路线；为准确藏身找到更好的掩体；为有力反杀找到更好的物品；为等待救援制造更多的时间。所以，不论在什么地方，只要是陌生的环境，一定要先熟悉周边地形地物，如大型建筑物的出入口、保障人员流通的交通线路，以及周边的公共设施设备等。另一方面要善于观察周边移动人群，捕捉可疑人员以及暴力袭击的信息。对待身边的陌生人要多个心眼，多看看其穿着打扮、举止，以及携带行李；对经过身边的人要有较强的警惕感，特别是左顾右盼、眼神飘移不定的，行为举止怪异的，说话胡言乱语没有思维逻辑的，穿着打扮奇特不正常的，走路鬼鬼祟祟的，在一个地方徘徊的，三五成群长时间聚在一起低头小声议论的，等等。具体来说，要注意留心有以下行为的人：

（1）有意躲避警察或安保人员的。

（2）眼神、精神状态不正常，面色慌张、神情恐慌、言行异常的。

（3）着装怪异、服装臃肿或与季节不符、携带物品与身份不符的。

（4）陌生人假献殷勤的。

（5）在安全检查过程中不愿意接受检查的。

（6）频繁进出、流动的。

（7）蒙面、伪装、隐藏身份的。

（8）携带危险品、枪支弹药、管制刀具、棍棒器械的。

（9）服装带有星星月亮和阿拉伯文字的，向别人发送暗号、手势、眼神、点头等信号的。

（10）自言自语和做出激动祷告、告别行为的。

（11）腰背、胸前、裤腿处有明显物体凸起的。

（12）身体多处有特别文身图案，并总是暴露的。

总之，出门养成观察习惯，对生命安全来说是好事。

3. 保持必要的忍耐。当面对突如其来的暴力袭击时，如果自己无法第一时间逃脱暴力袭击，要学会忍耐、不要意气用事，不要激发暴徒更大的暴力行为。有时候以最小的人身、声誉伤害获取更大的生命保护是值得的。所以，当与他人发生矛盾时，要学会忍耐，一时委屈，不会有失尊严，而是让暴力、让情绪“垃圾”远离我们，这样不但是为自己，也是为亲人杜绝伤害，这样活着才更有意义。记住，面对性情暴躁的“垃圾人”“酒疯子”，忍耐不是懦弱行为，忍耐是明智之举。

当然，忍耐中也要学会沟通，沟通不是用来跟施暴者讲道理，不是跟施暴者据理力争，而是诉说人间感情，诉说生活中的痛苦，用悲情来化解对方仇恨，用悲情来获取对方认同，以至于引起对方共鸣而逐步冷却施暴者火爆的心情，放弃伤害行为，降低伤害后果。

4. 善于察言观色。生活中也好，工作中也罢，如果能善于察言观色，可以避免很多矛盾的发生，甚至杜绝很多暴力行为。有时候，一些暴力行为就是因为生活中的一些小事，一些不经意的言语，长年累月积累而成的，只不过有的暴力是达到一定的时间，由某一事件诱发而成，有的暴力就是一言不合瞬间爆发。所以，要察言观色，跟什么人说什么话，不要惹怒与自己不和的人；不要挑衅、激怒、侮辱、诋毁、讽刺那些遭受挫折、失意、失败的同事、朋友、同学或亲人；不要和自己性格合不来的人发生争论，一旦发觉对方有怒气了，要及时做到谦恭。大家都知道鬼谷子精通识人术，通过观察对方细微的特征，从而了解对方的人品和性格。鬼谷子的识人术，关键就在于"察言观色"，即倾听对方的言辞，观察对方的表情。鬼谷子认为，每个人的内心想法，都会在不经意间表露出来。只要你细致观察，就能挖掘对方内心真实的一面，就可以为自己的言行做出相对应的对策，以至于避免一些由不该发生的矛盾而引发的暴力行为。一般而言，心思缜密的人，声音听起来和气而且有条理。这类人心思细腻，说话前必然经过深思熟虑，因此说出的话逻辑清晰，井井有条。与他们相处可以交流沟通论理，不至于发生矛盾。内心粗鄙暴戾的人，声音通常十分粗犷。这种人比较自我，很少考虑他人，因此说话时声音很大，而且常常带有粗鄙的言论。与这类人相处，最好少说话，表恭敬为宜，尽量敬而远之。内心宽厚柔和的人，声音温润如玉。有涵养的人，懂得照顾别人的感受，说出的话让人觉得舒服，如沐春风。与这类人相处，说话做事都很愉快，不会让人难受，所以要诚心相待、以礼相待。仁义博爱的人，面相温厚柔和。仁者心地宽厚，对众人慈爱、包容。与他们相处要坦诚相待，可以就事论事，以理服人。勇敢的人，面相自傲振奋。勇者无所畏惧，脸上常带有自信无畏、目空一切的表情。和他们相处要以忠言相待，但也不要过于据理力争，特别是语气可以温柔点、委婉点，更易于事情的解决。忠诚的人，面相坚毅果敢。忠者意志坚定，一旦认定一件事，就坚定不移，不会轻易更改。这类人可以和谐相处，而且可以互帮互助。性情高洁的人，面相高冷清高。曲高和寡、性情高洁的人，看起来高冷难以接近。与他们交往，不可过于接近，以点到为止为宜。

5. 果断快速出击。校园暴力，伤及自身生命安全时，要果断做出防卫之举，不能盲目屈从施暴者的暴力。防卫，一方面是捍卫自身的人身权利，另一方面就是为脱离施暴者的控制制造时机。一旦决定出手要果断，当然不要一味跟施暴者进行武力纠缠，这也会对自身生命带来伤害。尤其是校外极端暴力袭击，特别是刀斧利器砍杀暴力恐怖袭击，招招都会致命，此时更需要受害者果断出手。暴徒袭击的目的，就是把对社会、政府的仇恨、对立、不满，用杀人的形式来宣泄，或者用杀人来制造社会混乱，引起政府妥协，以达到非法的政治目的。因此，一旦碰上这些暴力行为，要及时使出浑身解数，奋力一搏，抓住时机。只要有机会，就得做出反击行为。通过自己的勇敢行为让暴徒在行凶中也感觉惶惶不安，感觉困难至极，这样或许也可以牵制暴徒的行凶。但是，反击时，一定要攻击暴徒要害部位。当身上没有可用之物时，可用手脚攻击对方裆部、脸部、眼睛、喉咙，用头撞击对方脸部。当有器物可用时，要快速地用器物攻击对方持有凶器的手，同时要继续快速袭击暴徒要害部位。攻击时，要果断，并且快、准、狠，并不断移动。千万不要犹豫不决，果断可以提高速度，犹豫则使动作变得迟缓，而一旦迟缓，机会瞬间就会失去。一旦让暴徒第二次上手，可能会出现更坏的结果。所以，只要自己生命还在，对暴徒打击要果断，做到快、准、狠。

6. 危急时避免更大伤害。发生不同类型暴力时，往往伴随的就是对身心的各种伤害。当我们遇到暴力袭击时，既要勇敢面对，勇敢去维护自身权利，也要尽一切可能去避免伤害。

（1）学习生活工作中与人发生语言冲突时，尽量避免语言冲突上升到肢体冲突，那样很有可能给自己带来身体上的伤害。所以，不管在学习生活工作中与谁发生矛盾，学会退让，退一步海阔天空。

（2）一旦碰到刀斧利器砍杀，能跑则跑、能躲则躲。利用跑、躲尽量避免第一次伤害。当跑不掉、躲不掉时，就要做出快速反应，第一时间保护自己的要害部位，如头、腹部等，避免遭到致命伤害。同时要尽量利用暴徒出手的空隙，进行要害反击，创造时机让自己逃生，避免第二次伤害。

（3）要善于利用周边地形地物、随身物品，进行灵活反击，或与之周旋，避免硬碰硬而让身体遭到伤害。马路上逃生时，要往人多的地方跑，屋内逃生时要往大门口跑，并大声呼救。不要跑死角，不要往人烟稀少的地方跑，那可是自寻死路。

（4）遇到校园暴力时，不可盲目跟随施暴者去校园角落或一些偏僻的地方。对无理要求也要敢于说“不”，能解释就解释，解释不通要反抗。要拿出自信心和胆识，切记不要屈服对方淫威。被利器劫持时，要善于忍耐，冷静对待，伺机反击。记住，生命还在，切不可贸然行动。要等待救援，机智勇敢做出适当行为，避免无用的反抗激怒暴徒而对自己身体进行伤害。

（5）面对极端暴力，当身边有老人、妇女等弱势群体需要救助时，要挺身而出，采取一切手段奋起反击，以果断勇敢的行为来保护老弱病残孕等弱势群体，为他们逃生创造时间和空间，避免伤害扩大。

（6）逃生到相对安全的地方后，要及时报警求助。同时，要及时观察情况，根据情况，发动周边群众，利用器物进行反击。要相信：在邪恶面前，唯有大家团结一心，发扬革命斗争精神，才可战胜暴徒的邪恶行为，打击暴徒的嚣张气焰。

7. 应对机智勇敢。当在暴力砍杀面前退无可退时，此刻最好的防护就是奋起反击。但反击需要勇气，更需要智慧，不能鲁莽。要做到机智、冷静、灵活，伺机行事、佯装害怕、假装哀求、适时怒吼，都是机智的行为，也是勇敢的表现。当估计自身没能力打击暴力行为时，要机智地配合其他民众和警察，制造合围而攻之的气势，要在气势上压住暴徒行凶气焰。当估量自身实力可以对付持利器的歹徒时，在警察没来之前创造机会，利用地形地物适时出手，迅速将暴徒制服，避免暴徒滥杀更多的无辜群众。反击的同时，要大声呼叫，发动周围群众齐心合力奋起抵抗。当自己决定做出勇敢行为时，一定要有攻击意识，同时还要有安全防护意识。面对暴力砍杀，一些人因为害怕、行动不便、惊恐、反应慢，任由暴徒伤害，其后果是伤残或死亡。灵活点的、反应快点的、及早发现暴力行为的人，可能会迅速向出口、安全地点逃跑、躲避，暂时避免伤害。但作为中华民族炎黄子孙，勇敢机智是中华民族国民人格的优秀基因。在灾难危险面前，我们更应该勇敢地站出来，特别是面对极端暴力恐怖袭击行为，广大民众都应该快速做出反应，利用空间地形位置和随身携带的物品，共同做出反击行为。我们可以突然对暴徒疯狂地大声吼叫，表现出凶狠犀利的眼神，可以张牙舞爪，制造反差，给暴徒一种措手不及的惊吓和震慑，让暴徒一时间不知所措，这样可以暂时延缓暴徒的攻击，给其他民众制造逃生机会，给自己带来反击准备的时间。暴徒在这样的突然形势下，心理也会产生恐惧，也会想到自身的安全，也许就会放弃暴力行凶，选择逃跑。此时不管怎样，要趁机奋起反抗，运用一切手段给其重创，转危为安，保护自己和家人，保护其他民众。

8. 强化日常训练。具备较好的防卫能力，对遇到暴力袭击保护生命来说是很重要的，可提高求生的系数。在当今社会，体育已成为我们现代生活的主题，很多人越来越重视体育生活，并加大了体育消费投入。事实证明，体育消费对人们的身心健康起到了很好的作用。但是，人们也要认识到体育不只有健身功能，还具有防身功能。怎样实现体育对生命的防身功能，为自己生命安全服务，也是我们参加体育活动应该要追求的。防卫技术作为体育技术的范畴，我们在选择体育活动时也要考虑学习防卫技术。再说，暴力袭击行为在我们身边说不定什么时候就发生了，学点防卫技术，总比没有要好，经常性地练习，可以提高反应能力、提高防卫技能，增强身体活动能力。而有针对性的、有规律性的防暴对抗练习，还可以提高我们的应对能力。当然，参加这方面的训练，内容要广泛，不仅仅是徒手训练，还要有持器物的防卫反击训练，利用地形地物的周旋闪躲训练；不仅要有一个人的应对训练，还要有多人的协同训练。训练形式要多样化，可以个人在家、单位、公园进行自主训练，也可以去社会专业培训机构进行专门训练。各级政府机关、事业单位、学校、公司企业要定期举办相关的技能培训，尤其是学校要把暴力袭击自救逃生技能作为学校重要的安全危急课程来开发，每年都要安排充足的课时来保障师生的学习训练，以培养他们的应急自救、互救能力。新时代，随着人们生活水平的提高，人们的生活意识也要提高。幸福意识、安全意识、快乐意识、健康意识、共同体意识、忧患意识、“居安思危”意识等，都要与时代发展相适应，不能停留在“事不关己高高挂起”“明哲保身”的旧思维阶段。否则，暴力恐怖灾难来了人人自危。所以，全社会都要行动起来，积极响应国家全民反恐防暴政策，共同开展全民反恐防暴技能开发和培训建设。广大民众要建立反恐防暴技能学习训练消费意识，加强对这方面的消费，积极投入，为自己生命安全着想。另外，技能的提升、防护意识的建立，都需要后天经常训练。因此，要把防暴训练作为自己日常生活的一部分。

9. 防暴意识教育从小抓。防暴意识是一种重要的自我保护和互助能力体现。要从娃娃抓起，学校和家庭要加强对中小学生的防暴意识教育，保障中小学生建立一种正确的、健康的自我保护思维和互助思维。只有从小灌输安全保护意识教育，中小学生才能形成自我保护、互帮互助的思维和安全防暴习惯。安全防暴意识教育，要注意以下几个方面：一是强化和谐思想，教育中小学生不暴力打压、伤害别人，发生语言冲撞时，不激化矛盾，要冷静思维，沉着处理矛盾。二是面对突发的暴力行为，教育中小学生既要勇敢，又要机智，要正确估量自己的能力，不可盲目反抗，视情况灵活行动。三是面对突发极端暴力行为，要教育中小学生正确运用逃生、躲避方法，正确运用反击方法和互救方法。四是面对校园欺凌和暴力行为，要教育中小学生敢于对这些行为大声说“不”，要让中小学生明白一个道理：邪不压正，不能让邪气有滋生土壤。五是面对社会上存在的黑恶势力，要教育中小学生养成刚强品格，引导中小学生从小养成体育锻炼习惯，培养勇敢坚强品质和健康运动体格。

专题十一 “反暴力”安全防范技能

一、“反暴力”安全自卫基本动作技术

面对中小学校园暴力袭击，我们要有应急技能，特别是面对利器砍杀行为，如果能第一时间跑离，我们首先做的就是及时远离危险区，如果危险近在眼前，来不及跑离，此时就需要我们做出应急反应，尽量防护自己，免受致命伤害。所以在平时生活工作中，掌握一些实用技术，常加练习，让它们成为我们的应急防卫技能很重要。从现在开始，必须行动起来。下面介绍部分实用型应急防卫技术动作，供大家参考。

（一）基本步法

生活中我们经常用到步法，如走路、后退、前进、跑步、跳跃等，所以我们其实对步法很熟悉，只是我们没有刻意去训练它。一旦我们加强步法训练，反应就会变得迅速，步法启动速度就会加快，速度加快，就可以提高技术动作效果，如出拳、推掌等。武术中常说步到手到、手到步到，这样才能提高攻击效果。民间打手歌诀中就有这样的说法，“手打脚不移，反而打自己，去手脚要到，拳拳打得到”。武技中常用步法有上步、退步、前后移步（往前移步、往后移步、往左移步、往右移步）、变向移步（往左变向跑、往右变向跑）、转身跑步等。

1. 上步：后脚往前迈一步，靠近对方（见图 11-1、图 11-2）。

图 11-1　后脚往前上步

图 11-2　目视前方

注意：面对匕首，不要轻易往前迈步，距离靠近容易缩短匕首的直刺距离，不容易躲开，更容易伤到身体（见图 11-3、图 11-4）。

图 11-3　面对匕首直刺

图 11-4　不要上步靠前

2. 退步：前脚往后迈一步，拉开与对方的距离（见图 11-5、图 11-6）。

图 11-5　前脚往后退步

图 11-6　目视前方

注意：面对利器刺砍，要及时往后退步，拉开距离，不要站着不动，要么变向跑离，要么根据环境及时发起致命防御性攻击，为自己制造逃生条件，一味后退是躲不开对方的持续砍杀行凶行为的（见图 11-7 至图 11-10）。

图 11-7 面对利器

图 11-8 及时后退

图 11-9 面对砍杀

图 11-10 及时后退

3. 往前移步：前脚、后脚依次往前移一小步，往前调整距离（见图 11-11、图 11-12）。

图 11-11 前后脚依次向前移动

图 11-12 目视前方

注意：面对匕首，不要轻易往前移步，距离靠近，容易缩短匕首的直刺距离，不容易躲开，更容易伤及身体（见图 11-13、图 11-14）。

图 11-13 面对匕首直刺

图 11-14 不要靠前

4. 往后移步：后脚、前脚依次往后移一小步，往后调整距离（见图 11-15、图 11-16）。

图 11-15 两脚依次往后移动

图 11-16 目视前方

注意：面对利器砍手，及时往后移步，果断决策变向跑离（见图 11-17、图 11-18）。

图 11-17 面对刀砍及时后移

图 11-18 变向跑离

5. 往左移步：左脚、右脚依次往左移动一小步，从左边避开正面相对（见图 11-19、图 11-20）。

图 11-19 两脚依次往左移动

图 11-20 目视对手

注意：往两侧躲避利器砍杀时，通常要结合步法往两边移动，避开上下砍杀路线（见图 11-21、图 11-22）。

图 11-21　面对刀子，及时判断

图 11-22　往左及时移动

6. 往右移步：右脚、左脚依次往右移动一小步，从右边避开正面相对（见图 11-23、图 11-24）。

图 11-23　往右移动

图 11-24　目视对手

注意：往两侧躲避利器砍杀时，通常要结合步法往两边移动，避开上下砍杀路线（见图 11-25、图 11-26）。

图 11-25　面对刀子，及时预判

图 11-26　往右侧移动，躲避砍杀

7. 往左变向跑：面对前方，突然转向左方或左前方，并快速跑离（见图 11-27、图 11-28）。

图 11-27　目视前方危险

图 11-28　及时往左变向跑离

注意：发现利器正面砍杀，及时变向跑离（图 11-29、图 11-30）。

图 11-29　面对利器，及时判断

图 11-30　往左侧及时跑离

8. 往右变向跑：面对前方，突然转向右方或右前方，并快速跑离（见图 11-31、图 11-32）。

图 11-31　目视前方危险

图 11-32　及时往右变向跑离

注意：发现利器正面砍杀，及时变向跑离（见图 11-33、图 11-34）。

图 11-33　面对利器，及时预判

图 11-34　往右侧及时跑离

9. 转身跑步：面对前方，突然转向后面，并快速跑离（见图 11-35、图 11-36）。

图 11-35　目视前方危险

图 11-36　及时往后跑离

注意：一般距离袭击者 1 米以内距离时，要慎用转身跑步。距离过近时，往后转身的时间也是对方靠近的时候，1 米以内是最危险的亲近距离，更何况还是背对袭击者，很容易造成伤害（见图 11-37、图 11-38）。

图 11-37　距离很近

图 11-38　转身往后跑很危险

（二）基础滚翻

滚翻也是安全应急技能的主要部分。滚翻较之步法来说，有一定难度，需要后天加强训练，才能快速自如地做出滚翻动作，否则在危险环境、危险情况中，如果滚翻技术处理不好或者速度太慢，不但躲不开袭击，反而延迟躲避时间，造成受伤的概率增大。因此面对利器砍杀，要慎用滚翻。滚翻有前（侧）滚翻、后滚翻、侧身横滚翻。

1. 前（侧）滚翻：勾头、团身，向前或侧前方滚动。从两侧拉开距离（见图 11-39 至图 11-42）。

图 11-39　目视前方

图 11-40　勾头含胸

图 11-41　团身向前滚翻

图 11-42　快速跑离

注意：这是一个应急方法，不到万一，不要做前滚翻，面对利器能直接跑离就跑离（见图 11-43、图 11-44）。

图 11-43　利器砍杀来临，快速下蹲

图 11-44　顺势滚翻

2. 后滚翻：勾头、团身，往后方滚动。正向拉开距离（见图 11-45 至图 11-48）。

图 11-45 目视前方危险

图 11-46 一旦摔倒，勾头含胸

图 11-47 团身往后滚翻

图 11-48 及时起身跑离

注意：同样是应急时使用，一般情况下能跑则跑、能闪则闪，面对利器不要轻易做出倒地滚翻，特别是后滚翻，容易延迟时间，倒地就被动了（见图 11-49、图 11-50）。

图 11-49 一旦倒地两脚并拢

图 11-50 尽力用脚猛蹬

3. 侧身横滚翻：往后倒地，双手在胸前，直身左右横向滚动。避开正面攻击（见图 11-51 至图 11-54）。

图 11-51　不慎摔倒

图 11-52　快速向右直身滚动

图 11-53　双手在胸前

图 11-54　起身快速跑离

注意：应急时使用，滚动后要及时起身快速跑离（见图 11-55 至图 11-58）。

图 11-55　面对利器不慎摔倒

图 11-56　快速往右侧滚动

图 11-57　避开砍杀

图 11-58　及时跑离

（三）基本拳法

拳法是人身安全防卫技术中的常用技法。快速有力的拳法能起到能攻又防的效果。如果配合步法，精准击打身体要害部位，效果会更好。拳法有直拳、摆拳、勾拳、反背拳、劈拳。

1. 直拳：握拳直线向目标击出（见图 11-59、图 11-60）。

图 11-59　防护式

图 11-60　直线击出

注意：面对校园徒手暴力攻击时，可用直拳做出防御性攻击，并迅速跑离（见图 11-61、图 11-62）。

图 11-61　快速击脸

图 11-62　迅速跑开

2. 摆拳：握拳从肩侧经外向前弧线摆动，一般攻击脸部，也可以双拳贯击（见图 11-63 至图 11-66）。

图 11-63　防护式

图 11-64　往里摆击

图 11-65　护头

图 11-66　双拳贯击

注意：要利用摆拳制造气势，使对方不敢近身欺凌。用两个拳头猛力贯击对方的面颊，抓住机会迅速跑离（见图 11-67、图 11-68）。

图 11-67　双拳贯击

图 11-68　迅速跑离

3. 勾拳：握拳屈肘，由下向前向上勾击，击打对方腹部、脸部、裆部（见图 11-69、图 11-70）。

图 11-69　防护式

图 11-70　勾拳

注意：遭对方近距离搂抱威胁时可用勾拳，击打对方腹部，之后迅速跑离（见图 11-71、图 11-72）。

图 11-71　击打腹部

图 11-72　迅速跑离

4. 反背拳：握拳屈肘反手从胸前向前方弹出，以拳背击打对方脸部（见图 11-73、图 11-74）。

图 11-73　防护式

图 11-74　握拳向前弹击

注意：互相拉扯、推击时，可以快速使用反背拳，之后迅速跑离（见图 11-75、图 11-76）。

图 11-75 目视对手

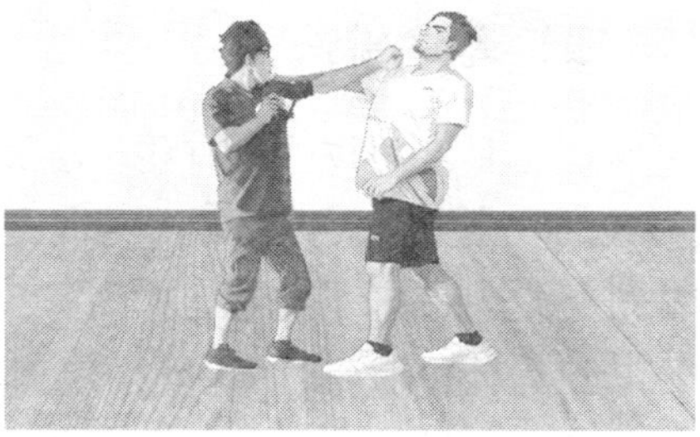

图 11-76 快速往前弹击，及时跑离

5. 劈拳：握拳由上往前劈击对方脸部（见图 11-77、图 11-78）。

图 11-77 往上举拳

图 11-78 用力下劈

注意：碰到校园肢体暴力时，举拳用力猛砸对方脸部，之后迅速跑离（见图 11-79、图 11-80）。

图 11-79 用力砸脸

图 11-80 迅速跑离

（四）基本掌法

掌法也是常用技法，有些掌法属于温和式的攻击方法，有些掌法属于凌厉式的攻击方法。人的手掌通常是处于张开的自然状态，这为我们利用掌法进行自卫带来了方便。随手一掌就可以避开危险，如面对拉扯、阻拦、胁迫等徒手欺凌行为时，用推掌可以推开对方，有利于第一时间化解困境。掌法有推掌、插掌、反弹掌、砍掌、拍掌。

1. 推掌：五指自然并拢向前推击，拉开距离，也可向前上方推击下巴，迅速跑离（见图 11-81、图 11-82）。

图 11-81　防护式

图 11-82　用力推击

注意：适合伤害性不强的拉扯、阻拦、殴打等欺凌行为。比较温和的手法运用（见图 11-83 至图 11-85）。

图 11-83　面对棍棒

图 11-84　快速靠前用力推击

图 11-85　迅速跑离

2. 插掌：五指自然并拢向前直线插击对方脸部，也可两指向前插击（见图 11-86、图 11-87）。

图 11-86　双手护起

图 11-87　前插

注意：插击眼睛是应对极端暴力的求生手段，杀伤力强，校园欺凌行为中不要使用。但是面对社会外来人员的极端暴力行为，不可不用。用两根指头直捣暴徒眼睛，或许会有意想不到的结果（见图 11-88、图 11-89）。

图 11-88　直接插脸（校园欺凌，不可插击）

图 11-89　极端暴力行为，插击后迅速跑离

3. 反弹掌：五指自然并拢，以掌背反手向前弹出（见图 11-90、图 11-91）。

图 11-90　防护式

图 11-91　往前弹击

注意：面对要挟、阻拦等欺凌行为时，要出其不意使用反弹掌，弹击对方脸部，快速跑离（见图 11-92 至图 11-94）。

图 11-92 冷静面对肢体欺凌

图 11-93 快速弹击

图 11-94 转向跑离

4. 砍掌：五指自然并拢从侧面向前砍击对方手臂、面部（见图 11-95、图 11-96）。

图 11-95 防护式

图 11-96 用力砍击

注意：面对欺凌，击打手臂、面部痛感明显，此时要抓住时机立即跑离（见图 11-97、图 11-98）。

图 11-97　面对推搡

图 11-98　砍击面部或手臂

5. 拍掌：五指自然张开，向前拍击对方脸部（见图 11-99、图 11-100）。

图 11-99　双手举起护头

图 11-100　用力拍击

注意：面对校园徒手欺凌，可以使用拍掌，击打对方脸部，让他眼冒金星，之后迅速跑离（见图 11-101）。

图 11-101　用力拍脸，快速跑离

（五）基本肘法

肘部坚硬，撞击身体任何一个部位都会引起剧烈疼痛。古语云：宁挨十拳，不挨一肘。说明肘法的杀伤力强于拳法。所以一般情况下我们都不提倡使用肘法，即便在一些安全防卫中，我们也要慎用肘法。只有涉及自身生命危险时方能使用。常见肘法有顶肘、撞肘、挑肘、砸肘。

1. 顶肘：屈肘，利用肘部往目标直线顶击（见图 11-102、图 11-103）。

图 11-102　肘尖朝前

图 11-103　用肘尖顶击

注意：面对校园徒手欺凌，可以使用顶肘顶击胸腹部，力度适中，制造痛感，趁机跑离（见图 11-104、图 11-105）。

图 11-104　面对拉扯欺凌

图 11-105　肘击对方不可行

2. 撞肘：屈肘，利用肘部横向撞击对方脸部（见图 11-106、图 11-107）。

图 11-106　护头

图 11-107　用肘撞击

注意：面对利器砍杀，无路可退时，要敢于反击，孤注一掷（见图 11-108、图 11-109）。

图 11-108　用肘撞击对方面部

图 11-109　迅速跑离

3. 挑肘：屈肘，利用肘部往上挑击对方下颚（见图 11-110）。

图 11-110　往上撞击

注意：面对棍棒殴打，可以运用挑肘保护自己（见图 11-111、图 11-112）。

图 11-111　冷静面对

图 11-112　快速靠前用肘撞击

4. 砸肘：屈肘，利用肘部往下砸击对方头、背部（见图 11-113、图 11-114）。

图 11-113　往上抬肘

图 11-114　用力下顶

注意：面对抱腿摔，可以运用砸肘保护自己（见图 11-115）。

图 11-115　面对抱腿，降低重心，用肘砸击

（六）基本腿法

武术有一句俗语：手是两扇门，全靠脚打人。腿长较之手短，更容易击中对方。所以腿法在技法中是非常重要的攻击方法。但腿法也有不足之处，就是一旦落空或者被对方抱住，很容易单脚支撑失去重心而倒地。常用腿法有：弹腿、蹬腿、踹腿、侧弹腿。

1. 弹腿：屈膝，绷脚尖，以脚尖向前踢击对方部位（见图 11-116、图 11-117）。

图 11-116　护头

图 11-117　猛力踢击

注意：面对徒手欺凌时慎用弹腿攻击对方裆部，会造成不可控的伤害。面对极端暴力时，可快速弹踢，攻击对方裆部，制造时机跑离。尤其是面对刀子，来不及跑离时，先用手往上防护，第一时间防住刀砍击头

部。同时快速踢击对方要害。只要有时间空隙，就要抓住机会，用脚猛踢对方裆部，看情况决定自己下一步该怎么做（见图 11-118、图 11-119）。

图 11-118　危险来临，果断踢裆

图 11-119　迅速跑离

2. 蹬腿：勾脚尖，屈膝向前蹬出，力达脚掌（见图 11-120、图 11-121）。

图 11-120　提膝

图 11-121　向前猛蹬

注意：面对校园徒手欺凌，可以快速使用蹬腿，蹬击对方胸腹部，制造距离跑离（见图 11-122、图 11-123）。

图 11-122　面对肢体暴力，用腿前蹬

图 11-123　蹬开对方，视情跑离

3. 踹腿：屈膝，勾脚尖，由屈到伸，侧身向前蹬出（图 11-124、图 11-125）。

图 11-124　提膝

图 11-125　侧身向前蹬出

注意：判断准确，动作要连贯，发力要狠。面对校园徒手欺凌，可以快速使用踹腿，踹击对方胸腹腿部，制造距离跑离（见图 11-126、图 11-127）。

图 11-126　面对肢体暴力，用腿踹击

图 11-127　踹开对方，视情跑离

4. 侧弹腿：屈膝，绷脚尖，以脚尖侧身横向向前弹击对方部位（见图 11-128、图 11-129）。

图 11-128　提膝

图 11-129　快速弹击

注意：技术难度较大，可放低高度，以踢击对方小腿、裆部等部位为宜。要注意使用时机（见图 11-130）。

图 11-130　面对徒手暴力，防上踢下

（七）基本膝法

膝法和肘法一样，杀伤力比较大，一般在危急时使用。但在极端暴力行为防范中，使用较少，因为近身使用膝法也很容易受到利器砍杀。而在徒手校园欺凌行为中，又容易造成防卫过当，因此慎用。常见膝法有前顶膝、横顶膝。

1. 前顶膝：屈膝，以膝关节部位向前上顶出，顶击目标裆部、胸腹部、头部（见图 11-131、图 11-132）。

图 11-131　护头

图 11-132　顶膝

注意：校园欺凌中，在搂抱要挟时，可用前顶膝顶击对方裆部、腹部，力度适中，在对方有痛感时迅速跑离（见图 11-133、图 11-134）。

图 11-133　用力顶裆

图 11-134　跑离

2. 横顶膝：屈膝，以膝关节部位侧身横向向前顶击对方身体部位。一般为胸腹部和头部（见图 11-135）。

图 11-135　侧身顶击对方腹部

注意：同上。

（八）基本摔法

武术技法有踢打摔拿，摔是其中一种技法。所谓拳打脚踢近身摔，就是说使用摔法时要靠身，摔法既要求讲力气，也要求讲技巧，通常需要后天训练才能形成技能。常见的摔法有搂脖绊摔、接腿绊摔、抱腿顶摔。

1. 搂脖绊摔：近身抓手搂脖，侧身同时用腿绊住对方腿，利用拧、拉、转、绊合力，将对方摔倒（见图 11-136、图 11-137）。

图 11-136　近身快速挡抓

图 11-137　利用绊拧等合力绊倒对方

注意：面对利器砍杀行为，不要轻易使用绊腿摔，近身容易受到利器伤害，面对利器要尽可能拉开距离，近身摔不适宜（见图 11-138）。

图 11-138　面对利器，不宜近身摔

2. 接腿绊摔：抄抱对方腿部，近身用腿绊住对方支撑腿，利用按压、拧转、绊扫合力将对方摔倒（见图 11-139、图 11-140）。

图 11-139　快速近身绊腿

图 11-140　拧、转、压、绊一气呵成

注意：在校园欺凌中，一旦对方使用腿踢击，可接住对方腿部将对方摔倒，同时快速跑离。

3. 抱腿顶摔：下蹲近身双手抱住对方小腿，顶住对方腹部，利用后拉、前顶将对方向后摔倒（见图 11-141、图 11-142）。

图 11-141　护头

图 11-142　快速抱腿前顶

注意：面对刀子匕首利器，不要使用抱腿顶摔，谨防对方用刀子利器下刺、直刺我身体部位（见图 11-143、图 11-144）。

图 11-143　下刺前俯近身抱腿不可取

图 11-144　前刺前俯近身抱腿不可取

（九）基本防护

防护是武术中重要的技能，既有消极防护，也有主动防护。我们通常的拳腿法等进攻性技法可以看作主动性防护，而利用一些手法、身法进行被动防守属于消极防护。在校园欺凌行为中，我们都可以使用消极防护方法，既躲开对方，又不会给对方造成伤害，一般来说是比较温和的手段。基本防护法有格挡、推挡、按压、上架、牵手、闪躲。

1. 格挡：手臂屈肘往外微小运行，挡住对方攻击（见图 11-145、图 11-146）。

图 11-145　左手格挡

图 11-146　右手格挡

注意：常用于防护对方抓扯或用拳击打我头部。在防护利器砍杀行为时，慎用格挡，没办法快速撤离时即便本能使用格挡，也要同时快速攻击对方要害（见图 11-147 至图 11-150）。

图 11-147　格挡防拳

图 11-148　面对刀砍

图 11-149　近身格挡护头

图 11–150　快速攻击要害

2. 推挡：双手屈肘向侧前方挡出，挡住对方攻击（见图 11－151、图 11–152）。

图 11–151　双手护头

图 11–152　近身格挡

注意：主要在利器砍杀危急时，使用近身推挡，同时快速推击对方，拉开距离，做出下一步行动。刀斧利器砍杀，最怕的就是致命部位，如头部。所以当来不及跑开时，第一时间要想到用双手护头，避免头部遭到致命伤害。然后再迅速反击，攻击要害，快速逃生（见图 11–153 至图 11–157）。

图 11-153　近身格挡

图 11-154　用力击脸

图 11-155　近身格挡

图 11-156　用力抓肩

图 11-157　提膝顶击

3. 按压：双手往下按压，防止对方攻击（见图 11-158、图 11-159）。

图 11-158　防护式

图 11-159　用力下按

注意：面对利器直刺过来，来不及跑离时，要快速按压对方手臂，并往侧拨开快速跑离，或者快速击打对方脸部，制造时机跑离。要准确把控对方出手时机，过慢、过早都不行（见图 11-160 至图 11-163）。

图 11-160　快速下按

图 11-161　顺势往侧拨开

图 11-162　按压过慢，危险

图 11-163　按压过早，危险

4. 上架：屈肘，手臂外旋往上架开攻击（见图 11-164、图 11-165）。

图 11-164　防护式

图 11-165　快速上架

注意：面对利器砍杀头部，来不及跑离时，要及时上架，护住头部，同时快速攻击对方要害，并快速跑离（见图 11-166 至图 11-169）。

图 11-166　冷静预判

图 11-167　格挡护头

图 11-168　击脸抓肩

图 11-169　用力顶膝

5. 牵手：双手握拳，屈肘往侧面做牵拉动作。避开对方抓扯、推击、阻拦等欺凌行为（见图 11-170、图 11-171）。

图 11-170　抓住对方手臂

图 11-171　往侧牵拉

注意：在徒手欺凌或棍棒击打行为中，面对抓扯、推击、阻拦、殴打等行为，可使用牵拉，化解正面攻击力量，同时推击对方肘部和肩部，将对方侧身推开，快速跑离（见图 11-172 至图 11-174）。

图 11-172　避开同时双手牵拉对方

图 11-173　往侧推击对方

图 11-174　快速跑离

6. 往左闪躲：微缩颈，头部上体向左移动，可结合左移步（见图 11-175、图 11-176）。

图 11-175　护头

图 11-176　左闪

注意：面对利器砍杀时，要判断利器砍杀路线和时机，往左闪躲，同时要充分结合手法攻击对方要害，闪躲时要结合左移步，躲至对方持利器手的侧面，避免正面与利器相对（见图 11-177 至图 11-179）。

图 11–177　快速预判微缩颈

图 11–178　快速左闪

图 11–179　侧对对方

7. 往右闪躲：微缩颈，头部上体向右移动，可结合右移步（见图 11–180、图 11–181）。

图 11-180　右闪

图 11-181　身体侧对

注意：面对利器砍杀，避免正面砍杀，闪躲后及时跑离（见图 11-182、图 11-183）。

图 11-182　快速预判微缩颈

图 11-183　快速右闪

8. 往下闪躲：微缩颈，头部上体向下移动，可结合前后移步（见图 11-184、图 11-185）。

图 11-184　防护式

图 11-185　快速下躲

注意：面对徒手欺凌，可以防护对方摆拳，同时快速抱腿顶摔，摔倒对方后，迅速跑离（见图 11-186、图 11-187）。

图 11-186　面对徒手暴力下闪

图 11-187　抱腿顶摔，快速跑离

9. 往后闪躲：微缩颈，头部上体向后移动，可结合后移步（见图 11-188、图 11-189）。

图 11-188　防护式

图 11-189　往后躲闪

注意：面对极端暴力，往后闪躲后，要及时进行要害攻击或拉开距离（见图 11-190、图 11-191）。

图 11-190　冷静后闪避开刀砍

图 11-191　快速攻击对方要害

（十）器物使用

危急时，要善于利用身边环境和身边器物与歹徒周旋或第一时间做出应急使用。身边器物很多，诸如木棍、树枝、雨伞、椅子、背包、电脑、手机、钢笔、钥匙、眼镜、腰带、衣服等。运用它们时，要借鉴武术格斗技法，如用钢笔自卫时，可以借鉴武术技法中的刺；用木棍自卫时，可以借鉴长兵器技法中的劈、戳等技术。下面介绍一些常见器物的使用技术，仅供参考：

1. 木棍：可用木棍进行劈击、戳击、架挡（见图 11-192、图 11-193）。

图 11-192　双手前后握棍

图 11-193　快速前戳

注意：面对利器砍杀，戳击要果断、快速、准确。谨防被对方抓住棍子，抓住了就要及时松手，不要因两手被棍子束缚而导致被利器砍杀伤害（见图 11-194、图 11-195）。

图 11-194　快速后抽

图 11-195　刀斧砍杀时快速戳击脸部

2. 雨伞：可用雨伞进行戳击（伞尖朝前），也可以抓住伞尖部分进行抡劈。还可以打开雨伞抵住对方，可给对方视线干扰，但不宜太久，要利用机会及时跑离（见图 11-196 至图 11-199）。

图 11-196　抓握雨伞做准备

图 11-197　向前猛劈

图 11-198　撑开干扰

图 11-199　及时跑离

注意：要找准时机，进行戳击，攻击头部要害，切不可迟疑。

3. 椅子：抓住椅子的靠背和座板端，利用戳击，攻防结合，或戳击对方头部，或挡住对方持刀手臂，或抵住对方身躯，阻止靠近（见图 11-200、图 11-201）。

图 11-200　快速抡起椅子

图 11-201　往前戳击

注意：要及时、果断、快速抓起椅子，要利用椅子的四条腿戳击对方（见图 11-202、图 11-203）。

图 11-202　抡起椅子戳击持刀的手

图 11-203　快速戳击脸部

4. 背包：背包中有实物，对利器能起到一定的缓冲作用。可用背包进行推挡、拍击，化解第一次危机，必要时丢掉背包尽快跑离。同样不要被背包把两手束缚住了（见图 11-204、图 11-205）。

图 11-204 双手抓握背包推挡利器砍杀

图 11-205 推击脸部

注意：一旦发现有危险，要把背包双手拿在胸前，做好防护准备。如果背包过重，就要放弃它，及时跑离（见图 11-206）。

图 11-206 赶快跑离

5. 电脑：可用电脑推挡，或拍击，或戳击，防护自己。遇到情况，快速抓起电脑两端利用电脑平面拍击对方头部，也可以利用侧端戳击对方头部，效果更好（见图 11-207、图 11-208）。

图 11-207　抓握电脑推挡利器砍杀

图 11-208　拍击脸部

注意：遇到危险，要快速、果断拍击、戳击，迅速跑离（见图 11-209）。

图 11-209　快速跑离

6. 钥匙：钥匙小而尖，受力点小，杀伤力大，可用来反刺、下刺对方脸部（见图 11-210 至图 11-213）。

图 11-210 握住钥匙上刺

图 11-211 握住钥匙下刺

图 11-212 戳眼睛

图 11-213 迅速跑离

注意：钥匙小，不太好抓握，因此抓握时要特别注意抓实，但又不能全部握住，要把钥匙尖部留出三分之一来（见图 11-214）。

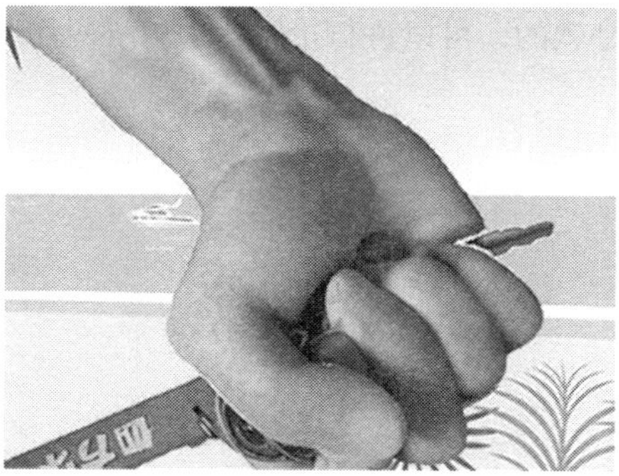

图 11-214 用力抓握，露出钥匙尖部分

7. 钢笔：钢笔长度适中，受力点小，杀伤力大，可用来反刺、下刺对方脸部（见图 11-215 至图 11-217）。

图 11-215　近身戳击

图 11-216　戳眼睛

图 11-217　快速跑离

注意：钢笔和钥匙一样，又尖又硬，不可小看其杀伤力，关键是时机的把握。

8. 腰带：腰带是软的，可以进行抡劈、甩打（见图 11-218、图 11-219）。

图 11-218 腹前持皮带戒备

图 11-219 抡甩

注意：因为腰带软，比较长，不好发力和把控运行，抓握时，最好把腰带对叠，抓住叠住的中间部分，另外，要用腰带头攻击对方（见图 11-220、图 11-221）。

图 11-220 折叠抓住中间

图 11-221 利器砍杀时，果断抡甩

9. 衣服：如果手上有衣服，关键时可利用衣服来防护自己，帮助自己第一时间跑离。可用衣服甩、推挡，甩打对方脸部，干扰视线，推挡对方持刀手臂，制造时机，尽快跑离（见图 11-222 至图 11-224）。

图 11-222　持衣服戒备

图 11-223　抡甩对方持刀手

图 11-224　反甩暴徒脸部

注意：衣服只能暂时作为防护物之用，一旦奏效，要尽快跑离。

二、“反暴力”安全防范技能应用

（一）对校园语言暴力的应对

语言暴力，就是使用谩骂、诋毁、蔑视和嘲笑等侮辱歧视性的语言，致使他人在精神上和心理上遭到侵犯和损害的不文明不道德行为。对于语言暴力，如果你是学生，可以向学校领导、老师、班主任，以及家长反映，通过正常途径去解决。不赞同采取同样的方式互相进行谩骂、诋毁、蔑视和嘲笑，这样很有可能会造成矛盾升级，上升到肢体暴力。在校园出现语言矛盾时，要善于冷静处理，不可冲动，理智胜于雄辩。暂时的委屈也没什么，多从一些角度去理解对方的心态，你就可以释怀了。用语言缠斗只会越来越麻烦，而且对自己没有好处。但是要记住，当你的同学对你出现语言暴力时，要及时反映，通过学校方、家长对暴力者进行教育，这样既是对自己，也是对他人成长的关心（见图 11-225）。

图 11-225　微笑释怀

（二）对校园徒手暴力的应对

在校园内，如果是一般性的语言矛盾引发的徒手暴力，尽量避免与同学打斗，一旦打斗，受伤的也许是自己。虽然徒手暴力让人致死的概率很低，但是徒手打斗导致身体伤害，甚至引发猝死的事件还是有的。如果对方欺人太甚，步步紧逼，可以根据自身情况，进行有条件、有限度的防卫反击，但记住切不可攻击对方要害，可以用拳掌攻击其脸部等非致命部位，再争取脱离其纠缠。当同学用拳脚欺负你时，要做出适当的防卫，用拳掌回敬对方，但不可与之发生长久的打斗，因为有可能打不过对方而被对方控制住，那样就会受到更大的伤害，所以瞬间反击之后要即时跑开，并大声呼救，同时告知学校领导、老师和家长。

有些小孩心理成长不健康、有些小孩好动好斗、有些小孩性格强势，这些都有可能造成因所谓的看不顺眼而对某些同学进行暴力。他们可能会无端找事，故意欺负某同学，可能会在某个地方拦住某同学，胁迫其到某个偏僻角落进行侮辱、折磨，也有可能会直接去教室寝室当着别的同学面殴打某同学，这些暴力现象当然要整治教育。但作为受害者的同学也要从自身角度去发现问题和认识问题，不要因施暴者的错误行为而掩盖了自身的心理成长问题。有些施暴行为正是因为受害者本人害怕、软弱心理而助长起来的。所以，一旦校园欺凌行为发生在自己身上，要第一时间大胆站出来，敢于说“不”。这个时候不要做乖乖听话的胆怯的孩子，不要战战兢兢地屈服于对方，要坚决地表达出“不”的气概，可以大声呼叫，可以大胆反击自卫，适时适度拍击对方脸部或推击对方下颌，抓住时机，迅速跑离，寻求教师帮助。初次出现这些行为时就要及时向老师和家长反映，不可闷在心里。一般的校园暴力，那些施暴者都会抓住对方胆小害怕的心理特点，以为对方胆小可欺，但是当你突然爆发出雄性威力时，往往也会意想不到地吓退施暴者（见图 11-226 至图 11-234）。

图 11-226　击脸

图 11-227　迅速跑离

图 11-228　警告保持距离

图 11-229　忍无可忍时果断击脸

图 11-230　迅速跑离

图 11-231　受到同学胁迫时，不要害怕

图 11-232　大胆说“不”

图 11-233　击脸

图 11-234　迅速跑离求助

（三）在校外遇不同器物暴力袭击时的应对

1. 棍棒暴力。与他人发生矛盾，当有人持棍棒非法攻击你时，要迅速跑离，来不及跑离时，也不要怕。棍棒攻击需要有一个合适距离，这时你要准确判断，大胆近身。待对方举起、缩回、外展棍棒时，要果断近身，缩小与对方距离，减弱棍棒攻击力度。同时，用手挡抓棍棒，抓住棍棒后要握紧，或者把棍棒反夹在自己的腋窝下，用另一只手猛击对方脸部，当然要视情况采取反击手段。还是那句话，不要与对方发生打斗，不得已才自卫。自卫后要及时跑开，报警求助或获取身边群众的支持和救援（见图11-235至图11-237）。

图 11-235　趁对方举棍

图 11-236　快速近身挡拨

图 11-237　抓棍击脸

2. 利器砍杀暴力。利器，对身体伤害很大，很容易置人于死地。不管你功夫如何，面对利器，首先要迅速跑离，不要在利器面前逞英雄。看到有人拿利器行凶，要及早跑开，同时呼唤同伴也迅速跑离，在安全处要迅速报警求助。如果你是高中生，面对利器暴力袭击行为，要保持冷静，迅速判断形势，量力而行，做出决定，要么跑开、要么反击。如果身边有老弱病残孕等弱势群体时，一定要拿出英雄气概，奋力一搏。可以大吼一声，提升士气，主动迎战。如果身边有器物，当发现有暴徒持利器冲过来行凶时，要尽快拿起身边之物，进行防御和反击，有时候，早发现的话，抄起器物主动迎上去攻击暴徒，可以压制暴徒的气焰，让暴徒成为被袭击的对象，这比我们被动防御更有效果，如果我们主动攻击，暴徒就会相应进行防御，就无暇顾及去砍杀其他人了，这时还可以带动更多民众勇敢地站出来发起进攻，形成互救之势，这更有利于以合围之势反杀暴徒。当发现自己不幸成为暴徒袭击的对象，并来不及跑开时，要迅速判断并做出防御动作，防护身体要害，避免伤及要害。如果是匕首，就要判断对方可能会刺腹部；如果是砍刀，就要判断对方可能会砍头部，这时要根据情况做出相应的应急防护手段。同时快速反击，可插眼、踢裆等。总之要用尽全力去攻击，再伺机跑开。如果有时间可以利用身边器物，就要果断拿起器物，如扁担、提包、手机、电脑包、雨伞、皮带、椅子等，千万不要表露出害怕，不要迟疑。

如果你是小学生或是中学低年级学生，防护能力差。当发现有暴徒持利器暴力袭击时，如果发现得早，尽快地能跑离就跑离、能躲藏就躲藏，避免第一时间遭到砍杀。如果无法第一时间跑离躲避时，也要尽可能做出防护免遭致命伤害。如迅速拿起身边物品作为抵御工具，防护致命部位。记住，如果暴徒离你很近（1 米内），朝你砍杀过来时，千万不要转身跑，一转身，利器可能已伤害到你身体了。这时可以侧身面对暴徒快速移动，这样的话，可以根据利器砍杀路线做出躲闪动作。近距离背对利器，无法判断利器砍杀路线时，更不能避开利器。当来不及跑离并不幸摔倒时，要主动用两脚依次蹬击，同时两手持器物朝上阻挡，阻止对方利器伤到我致命部位。另外要双手屈肘侧身横向快速滚翻，迅速爬起跑离。一般情况下，如果是恐怖分子，他们想在最短时间内杀害更多的人，一旦一下子不能得手，暴徒也许会转移目标。在室内或室外，如果一下子跑不掉的话，也要充分利用地形地物，如柱子、车子、树木、栅栏、柜台、长排椅子等，与之周旋，等待救援或找到适当机会反击自救（见图 11-238 至图 11-251）。

图 11-238　看到暴徒持利器行凶，要快速跑离

图 11-239　危险降临到头上，近身格挡

图 11-240　猛力击脸或踢裆

图 11-241　制造机会快速跑离

图 11-242　持刀砍杀，拿雨伞主动攻击

图 11-243　迎上去持皮带一阵抡击

图 11-244　用电脑包猛砸脸

图 11-245　碰到近距离砍杀

图 11-246　千万不可盲目转身跑

图 11-247　用手护头应急一下

图 11-248　背包推挡应急一下

图 11-249　摔倒了两脚猛蹬应急一下

图 11-250　用包推挡应急一下

图 11-251　利用地物周旋，制造机会

（四）对不同环境利器砍杀暴力袭击的应对

1. 办公室内利器砍杀暴力袭击。室内空间小，不容易移动和跑动，要特别注意进入人员的神色、举止行为，提前预防。在办公室内，发现进门者神色、举止有不对劲的地方，要迅速抓好防御的工具或者迅速靠近门口，伺机行事，并选择安全路线。如果来不及离开，突然受到袭击者的袭击，这时，要用双手快速护头或者护住其他被攻击的要害部位。同时要敏捷地利用身边器物进行反击或用拳肘膝腿攻击对方要害，制造机会迅速跑离，在安全地方迅速报警求助。如果施暴者并没有持各类凶器，这时可根据自身能力，控制他们或者大声呼喊，发动群众。当然要防止他们抢夺室内物品行凶，早发现，早制伏（见图 11-252 至图 11-259）。

图 11-252　早判断早准备

图 11-253　拿个东西靠近门口

图 11-254　遇到突袭，可持电脑包应急

图 11-255　电脑包砸、戳脸

图 11-256　冷静面对，快速反应

图 11-257　迅速击脸

图 11-258　抓凳子阻挡

图 11-259　用力撞击

2. 超市利器砍杀暴力袭击。超市人群比较多，要注意提防暴徒隐蔽在超市人群中突然行凶。所以进入超市购物，要熟悉超市的安全出口路线，一旦发现有暴徒持利器行凶，要迅速靠近安全出口，并大声呼叫，引起大家注意。超市有囤货房，来不及跑离超市安全出口时，可选择囤货房尽快躲藏。也可以利用购物车、购物篮，以及超市物品对暴徒进行反击自救，或利用商品柜台与暴徒周旋，伺机跑开和攻击。遇到行凶者要冷静，不要慌张乱跑，要尽快往安全出口跑动，并及时拿件有硬度的超市物品作为防御工具，尽量拿轻巧的、有一定硬度的物品。跑出超市后要尽快报警（见图 11-260、图 11-261）。

图 11-260　雨伞阻击，迅速跑离

图 11-261　丁板阻击

3. 网吧利器砍杀暴力袭击。网吧的空间比较小，光线也比较暗，上网的人有时候比较多，而且出口单一，所以一旦发生暴力袭击，容易引起混乱，可能会造成更多的伤害。如果你在网吧上网，一定要熟记出口在哪里，要随时观察身边经过的人，不时观察坐在身边的人，一旦发现他们神色、举止有异常，如吸毒后的举止、精神病发作的举止，就要及时离场，并告知网吧工作人员。如果来不及离开，暴力袭击行为已发生，要冷静，并发动其他人，利用身边器物，如衣服、皮带、凳子、垃圾桶、消防器材、扫把等，同心协力，奋起反击（见图 11-262）。

图 11-262 用凳子反击

4. 餐厅利器砍杀暴力袭击。餐厅发生利器砍杀暴力袭击时，不要惊慌。餐厅有很多可利用的物品，比如桌椅、碗筷、桌布、灭火器等，一旦暴徒持凶器靠近，可就地抄起椅子进行反击，利用椅子的四只脚，撞击暴徒脸部和持凶器的手臂，也可用碗筷连续投掷、砸击暴徒，伺机跑开。如果暴徒近在咫尺，来不及跑开，可顺势躲闪挪移，同时快速抄起椅子，往上推挡，阻止暴徒利器砍杀我致命部位，同时大声呼叫，寻求帮助，周围人要及时抄起椅子进行帮助。如果不能跑向门口，要及时利用饭桌与之周旋，并抬起双手，防止暴徒扔掷利器伤我头部。如果餐厅有弱势群体，要和餐厅工作人员同心协力，利用安保器材、椅子、桌布、灭火器奋起反击暴徒（见图 11-263 至图 11-266）。

图 11-263 用碗砸暴徒脸部

图 11-264 用椅子阻击

图 11-265　用筷子插暴徒眼睛

图 11-266　利用饭桌躲闪

5. 车站售票厅利器砍杀暴力袭击。车站是人群密集、人流量大的地方，特别是售票厅、候车室，很容易让暴恐分子光顾。目前由于车站候车室安检比较严，很难携带刀斧利器进入。但售票厅没有安检，进出自由，所以售票厅购票要特别注意，提防暴恐袭击发生。进入售票厅，首先观察安全出口有几个，了解室内环境情况。购票时，可以拿件轻巧、有一定硬度的物品或者把包挂在肩上和胸前，这样做或许也能防御突然袭击。要不时观察进入的人员，以及站在身边、身后的人员，保持一定的警惕感，尤其是拿东西遮住手臂的人，或者拿东西遮住物品的人，或是一只手总是插进上衣里面的人，一旦发现异常，要提前防范或及早离开。当袭击突然发生时，要往远离暴徒的安全门跑。如果离暴徒较远，在跑的同时，要拿一件物品作为防御工具。如果离安全出口比较远，而离暴徒比较近时，要及时找掩体，利用柱子、柜台、栏杆与暴徒周旋。如果来不及跑，要及时用手防护身体要害部位。躲过第一波袭击的同时，要尽力反击暴徒要害。对于个人来说，当袭击突然落在自己身上，第一时间只有靠自己的反应来自救，切不可在近距离时转身跑（一米内），可做侧身躲闪跑离或用手护头或用身上物品推挡。如果你还没受到袭击，要勇于和周边其他民众上前帮忙，合力制伏暴徒，切不可站在远处旁观。可用皮带从后绕住暴徒脖子，用力紧勒；可用电脑包、雨伞、手机等硬物猛砸暴徒头部。总之，这时候需要大家的勇气、智慧和齐心（见图 11-267 至图 11-270）。

图 11-267　及时发现，及早躲避

图 11-268　来不及跑离，护住要害

图 11-269　不同方向，奋力反击

图 11-270　齐心合力，奋勇反击

6. 社会人员在学校的利器砍杀暴力袭击。社会人员在学校暴力袭击学生时，孩子们该怎么办？轮到自己身上，要想活命，自救还是关键。作为小孩子，遇到利器袭击，首先要想到跑为上计。当发现暴徒在 2 米以外向你冲来时，可以选择转身快速跑离，但是如果在 1 米以内，就不要转身跑离了，这时可以选择快速蹲下，然后再以最快的速度从暴徒持凶器的手臂外侧逃走或者顺势滚翻，从暴徒两侧跑开。因为暴徒手握凶器已近在咫尺，瞬间蹲下有可能避开暴徒的第一次致命砍杀或者化小砍杀力量。跑的同时，要大声呼叫“救命”“老师救我”“砍人啦”，既能引起周边其他同学注意，警示他们快速跑离，也能让暴徒产生一点恐慌。如果暴力发生在过道内，跑离的时候要朝老师办公室跑，跑进办公室及时堵住门。如果暴徒在教室砍杀，可以绕着桌子转圈跑，危难时拿起椅子撞击暴徒持刀的手和暴徒脸部。这样做不但可以保护自己，还能阻止暴徒靠近自己，如果撞中脸，还能引起暴徒疼痛。此时记得还是要大声呼救，引起外面注意。如果暴力发生在校门口，要迅速往门卫室跑，并大声呼救。如果来不及跑，暴徒近在咫尺，则可双手抓住书包，用力往前推挡，第一时间挡住砍杀或捅刺，然后找机会再快速跑开。如果身上没有可利用之物，也要双手抱头，或护胸，尽量避免头部、胸腹部受伤害（见图 11-271 至图 11-274）。

图 11-271　下蹲闪躲

图 11-272　从侧面跑离

图 11-273　椅子反击

图 11-274　书包推挡

7. 广场利器砍杀暴力袭击。广场是居民休闲健身娱乐的地方，男女老少都有，很容易引起暴恐分子袭击。在广场休闲时，要随时注意服装穿戴怪异、行为异常的人，及早发现，及早远离。要熟悉广场的地形地物，四处走走，不要总停留在一个地方。暴恐发生时，不要惊慌，在远端可以快速跑离。在近端，则要冷静，并迅速寻找可用工具，拿起来，勇敢投入反击中，保护老人、妇女、儿童。如果自己不具备攻击能力，能跑则跑、能躲则躲。跑不掉的话，及时利用附近栅栏、花坛、喷泉、树丛与暴徒周旋。如果距离暴徒太近，可就近拿起可用之物进行暂时性防御，沙子、砖头、瓦片都可以，没有可用之物，则要用手防护身体要害，避免遭受致命伤害。一旦不幸摔倒，则要双脚弯曲，猛蹬暴徒，阻止暴徒近身砍杀，并大声呼救。遇到别人需要帮助时，要利用身边之物进行反击，如衣服、皮带、鞋子、小孩滑轮等，总之，要快，要团结一致，奋起反击。另外，广场一般都紧贴路边，切记不可盲目往路上跑，谨防被车撞到（见图 11-275 至图 11-277）。

图 11-275　拿衣服反击

图 11-276　拿皮带反击

图 11-277　滑轮反击

8. 集市利器砍杀暴力袭击。集市人群密集，中老年人、妇女居多，个人防护能力差，一旦发生暴恐袭击，可能会造成人员拥挤、混乱，甚至踩踏事件。当你在集市购物时，要随时观察周边情况。一旦发现异常，提早防范、及早远离。当发现有暴徒突然拿出利器行凶时，要大声发出呼叫，这样可以警示大家迅速跑离躲藏。当袭击发生在近处时，要利用摊位与暴徒周旋。在远端购物时一旦听到预警，要尽快找掩体，迅速躲藏，或迅速跑离集市。同时可联合摊主合攻暴徒，利用一切可利用的物品向暴徒投掷，干扰其施暴。也可拿起切肉的刀斧自卫，或许能吓退暴徒（见图 11-278 至图 11-280）。

图 11-278　拿东西反击

图 11-279　投掷物品，大声呼叫

图 11-280　从后袭击，互相帮助

（五）对欺凌和暴力袭击的互救

1. 遭受语言欺凌时。如果是发生在校园内，要敢于替弱势群体发声，主动替受害者跟欺凌者沟通，了解情况，进行语言劝说。如果欺凌者不听劝解，及时向老师报告，反映情况；如果发生在校园外，要在了解情况的基础上进行劝解，不听劝解的，与受害者父母联系或跟周边群众以及辖区民警联系。不论怎样，劝解语气要温和，讲道理，尽量不要激发欺凌者恶行。

2. 遭受推搡拉扯时。在校园内遭受推搡、拉扯等不文明违纪行为时，要敢于站出来及时呵斥、阻止这种行为，如果不听阻止，要及时把双方分离，把弱势者保护性带开，安抚其情绪，同时向相关老师报告，反映情况。

3. 遭到个人要挟时。遇到同学被要挟时，要大胆发声，及时阻止这样的行为发生，要主动跟当事双方指出：有什么事现场说清楚，特别要指出要挟别人是侵犯人身权利行为，是违法的。呵斥要挟者不能做出这样的行为，同时鼓励受害者敢于说“不”。在不听劝阻时，要联合其他旁观同学保护性带开受害者，并向相关老师报告，反映情况。

4. 遭到小群体要挟时。首先要及时跟相关老师报告情况，在有其他同学在场的情况下，互相联合共同站出来阻止，如果是自己一个人，要根据情况站出来发声，要跟为首者说出利害关系，指出这些错误行为，要鼓励被要挟者敢于说“不”，并往人多的地方或者老师办公室方向跑离。同时向老师反映情况。

5. 遭到肢体徒手攻击时。遇到同学遭到校园暴力徒手攻击时，第一时间及时跟老师联系，寻求帮助。同时要主动进行现场干预，拉开双方，阻止暴力行为，并和受害者去找老师反映情况。如果拉不开，而自身没有能力阻止暴力行为时，要呼吁周边同学共同抵制或者迅速跑离，寻求帮助。在有能力拉开，并保护受害者时，要合理运用徒手防卫技能，对施暴者的攻击行为进行合理的抵制，并及时与受害者跑离找老师反映情况。如果是小群体暴力时，要及时联系老师反映情况，还要呼吁旁边同学共同抵制。

6. 遭到棍棒器物击打时。在同学遭遇棍棒要挟或击打时，要果断阻止这种伤及身体的行为，一方面要及时从施暴者手中拿走棍棒；另一方面要及时指出这些违法违纪行为及其伤害，如果不听劝解，恶意击打，要根据自身情况，协同旁边其他同学阻止，抢走棍棒，保护被欺凌者。同时联系相关老师反映情况。

7. 遭到利器袭击时。发现有利器砍杀行为时，要及时发声，在自己跑离的同时也要提醒旁边同学躲避。到安全地点再观察，并呼叫 110，寻求帮助。情况危急且就发生在身边时，要根据情况，做出合理互救行动。如身边同学突遭利器袭击，自己要利用身上可用之物从侧方或后方进行反击，同时呼叫同伴跑离。如身上没有可用之物，要根据情况从身后或侧后徒手攻击施暴者要害部位，呼叫同伴跑离，同时自身也快速往人多的方向跑离。在迅速跑离的同时要大声呼救，寻求其他人帮助，并拿取可用之物，再联合其他民众勇敢上前合围施暴者。

主要参考文献

［1］张大均．教育心理学［M］．北京：人民教育出版社，2003.

［2］徐久生．校园暴力研究［M］．北京：中国方正出版社，2004.

［3］中共中央文献研究室，中共湖南省委《毛泽东早期文稿》编辑组．毛泽东早期文稿［M］．长沙：湖南人民出版社，2013.

［4］郑永廷．思想政治教育方法论（修订版）［M］．北京：高等教育出版社，2018.

［5］刘济良．生命教育论［M］．北京：中国社会科学出版社，2004.

［6］季浏，汪晓赞．初中体育与健康新课程教学法［M］．北京：高等教育出版社，2003.

［7］中共中央文献研究室．建国以来重要文献选编（第二十册）［M］．北京：中央文献出版社，1998.

［8］中共中央文献研究室．毛泽东文集（第六卷）［M］．北京：人民出版社，1999.

［9］张万禄．毛泽东的道路（1893—1921）［M］．西安：陕西人民出版社，2000.

［10］中共中央文献研究室．毛泽东思想年编（1921—1975）［M］．北京：中央文献出版社，2011.

［11］中共中央文献研究室．毛泽东文集（第七卷）［M］．北京：人民出版社，1999.

［12］王岗．中国武术技术要义［M］．太原：山西科学技术出版社，2009.

［13］孙禄堂．孙禄堂武学集注：八卦拳学［M］．北京：北京科学技术出版社，2017.

［14］梁启超．新民说［M］．沈阳：辽宁人民出版社，1994.

［15］习近平．习近平著作选读（第二卷）［M］．北京：人民出版社，2023.

［16］张世英．黑格尔《小逻辑》绎注［M］．长春：吉林人民出版社，1982.

［17］习近平．论坚持全面依法治国［M］．北京：中央文献出版社，2020.

［18］中共中央马克思恩格斯列宁斯大林著作编译局．马克思恩格斯选集（第3卷）［M］．北京：人民出版社，2012.

［19］本书编写组．习近平与大学生朋友们［M］．北京：中国青年出版社，2020.

［20］［美］塞缪尔·亨廷顿．变化社会中的政治秩序［M］．王冠华，等，译．北京：三联书店，1989.

［21］彭波，马文静．2003年至2015年，全国检察机关共批准逮捕未成年犯罪嫌疑人92万余人　如何避免迷途少年一错再错［N］．人民日报，2016-08-24.

［22］黄明．突出问题导向 强化措施责任 警校联动构建校园安全防控体系［N］．人民公安报，2015-03-29.

［23］于慧颖．加强全社会思想道德建设［N］．光明日报，2024-04-08.

［24］吴桂翎，辛涛．校园暴力研究的回顾与前瞻［J］．中国特殊教育，2009（6）.

［25］张旺．美国校园暴力：现状、成因及对策［J］．青年研究，2002（11）.

［26］庞雪峰．当前我国中学生校园暴力及预防对策研究［J］．华东师范大学学报，2016（8）.

［27］张容，孙群露，林爱华．小学生校园暴力现状及其影响因素分析［J］．华南预防医学，2014（2）.

［28］姜辰颖．校园暴力现象现状分析［J］．社会心理科学，2016，31（9）.

［29］戴兴华，张红永，雷帅，等．校园欺凌及防治机制建设［J］．教育视野，2022（7）.

［30］程力，沈晓敏．从惩戒到关系修复：北美校园暴力治理范式的转变［J］．全球教育展望，2022，51（4）.

［31］李月华，滕洪昌．中小学校园暴力调查与防治建议——基于师生比较的视角［J］．教育科学研究，2021（12）.

[32] 李芬．马斯洛《动机与人格》述评［J］．哈尔滨学院学报，2006，27（7）．

[33] 范伟．应对暴力袭击的素质要求和处置方法［J］．军事体育学报，2014（3）．

[34] 钟智群．公共场所治安防控体系的构建——以昆明火车站暴力恐怖事件为例［J］．理论观察，2014（7）．

[35] 杨为程，张国吉，韩永初．应对城市中暴力恐怖活动：域外经验及启示［J］．新疆社会科学，2014（2）．

[36] 李兴海．“6·15”案件对防范和控制刀斧砍杀暴恐袭击的启示［J］．公安教育，2014（10）．

[37] 周良云，许良．我国学生体质与健康状况“趋势性变化”的解读与思考［J］．广州体育学院学报，2013，3（1）．

[38] 刘彩平，郭义军．当代学校武术教育价值——人的社会适应能力发展［J］．北京体育大学学报，2011，34（2）．

[39] 王明建．武术教育价值的重审与再释［J］．成都体育学院学报，2010，36（12）．

[40] 金玉柱，赵倩，陈保学，等．学校武术的生命力——以关键词为视角的学术史叙事［J］．体育与科学，2022，43（4）．

[41] 喻文德．论本体价值的建构［J］．求索，2007（6）．

[42] 付光槐，任一明．论中小学特色建设的价值取向——本体价值的偏离与回归［J］．教育科学研究，2015（7）．

[43] 麻晨俊，高亮．具身武德：学校体育弘扬中华武德的理论选择与实践要求［J］．体育学研究，2023，37（3）．

[44] 刘瑞强，赵健，李卓嘉，等．中国武术文化推广传播策略研究［J］．中国体育科技，2022，58（8）．

[45] 金玉柱，李晨然，李丽．趣味与性情：中国武术功夫实践的生活面相与人文观照［J］．体育与科学，2024，45（1）．

[46] 周维方．场域和身体认知：传统武术技击形象再塑造的依据与路径［J］．体育与科学，2019，40（2）．

[47] 陈永辉，雷军蓉．新时代传统武术助力我国国家精神形象的构筑研究［J］．沈阳体育学院学报，2021，40（2）．

[48] 赵光圣，戴国斌．我国学校武术教育现实困境与改革路径选择：写在“全国学校体育武术项目联盟”成立之际［J］．上海体育学院学报，

2014，38（1）.

［49］孟涛，崔亚辉．新中国武术 70 年发展历程解读及当代思考［J］．首都体育学院学报，2019，31（5）.

［50］吴宣廷，吉灿忠．中学校武术“五育并举”多元育人的价值旨趣、现实困囿与实施路径［J］．山东体育学院学报，2024，40（1）.

［51］李政涛．身体的“教育学意味”——兼论教育学研究的身体转向［J］．教育理论与实践，2006（6）.

［52］时磊，陆小黑．武术教育与身体表达素养培育的关系性探析［J］．体育与科学，2024，45（1）.

［53］徐卫伟，魏婉怡，王昆．当代学校武术教育历程中的价值嬗变及新时代价值彰显路径［J］．北京体育大学学报，2023，46（7）.

［54］王岗．质疑：技击是武术的本质特征［J］．北京体育大学学报，2009，32（1）.

［55］姜南，梁勤超，李源．中国国家形象建构中太极拳文化符号的运用［J］．武汉体育学院学报，2016，50（1）.

［56］王灿明．情境教育四十年的回顾与前瞻［J］．南通大学学报（社会科学版），2020，36（2）.

［57］段水莲，唐思敏．基于旁观者视角的初中生校园暴力防治研究——以湖南省怀化市某初中为例［J］．青少年学刊，2020（5）.

［58］谢晴．校园暴力施暴者的心理机制及治理对策分析［J］．科教文汇，2022（20）.

［59］宋雁慧，字志君，秦颖雪．校园暴力旁观者的调查研究［J］．中国教师，2013（15）.

［60］张文新，王益文，鞠玉翠，等．儿童欺负行为的类型及其相关因素［J］．心理发展与教育，2001（1）.

［61］王岗．对学校武术教育的历史回眸与当代发展的思考［J］．北京体育大学学报，2016，39（6）.

［62］申国卿．“文化强省”视域下的中原高校武术教育发展战略研究［J］．山东体育学院学报，2011，27（11）.

［63］王竹立．新质教育：从理念构想到实施路径［J］．现代远程教育研究，2024，36（4）.

［64］厉笑影．法治副校长：学校法治教育的新动力［J］．人民教育，2022（7）.

［65］胡婧，浙江省警察协会课题组．以少年警校为重要抓手　推进警察公共关系建设——全国警察协会少年警校工作的理论与实践［J］．公安研究，2024（6）．

［66］杨阳．思想政治教育视角下中小学校园暴力问题研究［D］．长春：长春工业大学，2021.

［67］任文华．青少年学生校园暴力的实证研究［D］．重庆：重庆大学，2012.

［68］郭平．生命教育理论视域下小学校园安全教育问题研究——以中山市×学校为例［D］．西宁：青海师范大学，2018.

［69］毕罗珏美．新时代我国校园欺凌法律防治及未成年人保护研究［D］．西宁：青海师范大学，2022.

［70］臧峰宇．形成建构中国自主知识体系的学术自觉［EB/OL］．求是网，2022-05-19；光明日报，2023-08-09.

附录一：教育部等九部门关于防治中小学生欺凌和暴力的指导意见

（教基一〔2016〕6号）

各省、自治区、直辖市教育厅（教委）、综治办、高级人民法院、人民检察院、公安厅（局）、民政厅（局）、司法厅（局）、团委、妇联，新疆生产建设兵团教育局、综治办、人民法院、人民检察院、公安局、民政局、司法局、团委、妇联：

在党中央、国务院的正确领导下，在各级党委政府及教育、综治、公安、司法等有关部门和共青团、妇联等群团组织的共同努力下，发生在中小学生之间的欺凌和暴力事件得到遏制，预防青少年违法犯罪工作取得明显成效。但是，由于在落实主体责任、健全制度措施、实施教育惩戒、形成工作合力等方面还存在薄弱环节，少数地方学生之间欺凌和暴力问题仍时有发生，损害了学生身心健康，造成了不良社会影响。为全面贯彻党的教育方针，落实立德树人根本任务，切实防治学生欺凌和暴力事件的发生，现提出如下指导意见。

一、积极有效预防学生欺凌和暴力

1. 切实加强中小学生思想道德教育、法治教育和心理健康教育。各地要紧密联系中小学生的思想实际，积极培育和践行社会主义核心价值观。落实《中小学生守则（2015 年修订）》，引导全体中小学生从小知礼仪、明是非、守规矩，做到珍爱生命、尊重他人、团结友善、不恃强凌弱，弘扬公序良俗、传承中华美德。落实《中小学法制教育指导纲要》、《青少年法治教育大纲》，开展“法治进校园”全国巡讲活动，让学生知晓基本的法律边界和行为底线，消除未成年人违法犯罪不需要承担任何责任的错误认识，养成遵规守法的良好行为习惯。落实《中小学心理健康教育指导纲要（2012 年修订）》，培养学生健全人格和积极心理品质，对有心理困扰或心理问题的学生开展科学有效的心理辅导，提高其心理健康水平。切实加强家庭教育，家长要注重家风建设，加强对孩子的管教，注重孩子思想品德教育和良好行为习惯培养，从源头上预防学生欺凌和暴力行为发生。

2. 认真开展预防欺凌和暴力专题教育。各地要在专项整治的基础上，结合典型案例，集中开展预防学生欺凌和暴力专题教育。要强化学生校规校纪教育，通过课堂教学、专题讲座、班团队会、主题活动、编发手册、参观实践等多种形式，提高学生对欺凌和暴力行为严重危害性的认识，增强自我保护意识和能力，自觉遵守校规校纪，做到不实施欺凌和暴力行为。研制学校防治学生欺凌和暴力的指导手册，全面加强教职工特别是班主任专题培训，提高教职工有效防治学生欺凌和暴力的责任意识和能力水平。要通过家访、家长会、家长学校等途径，帮助家长了解防治学生欺凌和暴力知识，增强监护责任意识，提高防治能力。要加强中小学生违法犯罪预防综合基地和人才建设，为开展防治学生欺凌和暴力专题教育提供支持和帮助。

3. 严格学校日常安全管理。中小学校要制定防治学生欺凌和暴力工作制度，将其纳入学校安全工作统筹考虑，健全应急处置预案，建立早期预警、事中处理及事后干预等机制。要加强师生联系，密切家校沟通，及时掌握学生思想情绪和同学关系状况，特别要关注学生有无学习成绩突然下滑、精神恍惚、情绪反常、无故旷课等异常表现及产生的原因，对可能的欺凌和暴力行为做到早发现、早预防、早控制。严格落实值班、巡查制度，禁止学生携带管制刀具等危险物品进入学校，针对重点学生、重点区域、重点时段开展防治工作。对发现的欺凌和暴力事件线索和苗头要认真核实、准确研判，对早期发现的轻微欺凌事件，实施必要的教育、惩戒。

4. 强化学校周边综合治理。各级综治组织要加大新形势下群防群治工作力度，实现人防物防技防在基层综治中心的深度融合，动员社会各方面力量做好校园周边地区安全防范工作。要依托全国社会治安综合治理信息系统，整合各有关部门信息资源，发挥青少年犯罪信息数据库作用，加强对重点青少年群体的动态研判。进一步加强校园及周边地区社会治安防控体系建设，作为公共安全视频监控建设联网应用示范工作的重要内容，推进校园及周边地区公共安全视频监控系统全覆盖，加大视频图像集成应用力度，实现对青少年违法犯罪活动的预测预警、实时监控、轨迹追踪及动态管控。把学校周边作为社会治安重点地区排查整治工作的重点，加强组织部署和检查考核。要对中小学生欺凌和暴力问题突出的地区和单位，根据《中共中央办公厅 国务院办公厅关于印发〈健全落实社会治安综合治理领导责任制规定〉的通知》要求，通过通报、约谈、挂牌督办、实施一票否决权制等方式进行综治领导责任督导和追究。公安机关要在治安情况复杂、问题较多的学校周边设置警务室或治安岗亭，密切与学校的沟通协作，积极配合学校排查发现学生欺凌和暴力隐患苗头，并及时预防处置。要加强学生上下学重要时段、学生途经重点路段的巡逻防控和治安盘查，对发现的苗头性、倾向性欺凌和暴力问题，要采取相应防范措施并通知学校和家长，及时干预，震慑犯罪。

二、依法依规处置学生欺凌和暴力事件

5. 保护遭受欺凌和暴力学生身心安全。各地要建立中小学生欺凌和暴力事件及时报告制度，一旦发现学生遭受欺凌和暴力，学校和家长要及时相互通知，对严重的欺凌和暴力事件，要向上级教育主管部门报告，并迅速联络公安机关介入处置。报告时相关人员有义务保护未成年人合法权益，学校、家长、公安机关及媒体应保护遭受欺凌和暴力学生以及知情学生的身心安全，严格保护学生隐私，防止泄露有关学生个人及其家庭的信息。特别要防止网络传播等因素导致事态蔓延，造成恶劣社会影响，使受害学生再次受到伤害。

6. 强化教育惩戒威慑作用。对实施欺凌和暴力的中小学生必须依法依规采取适当的矫治措施予以教育惩戒，既做到真情关爱、真诚帮助，力促学生内心感化、行为转化，又充分发挥教育惩戒措施的威慑作用。对实施欺凌和暴力的学生，学校和家长要进行严肃的批评教育和警示谈话，情节较重的，公安机关应参与警示教育。对屡教不改、多次实施欺凌和暴力的学生，应登记在案并将其表现记入学生综合素质评价，必要时转入专门学校就读。对构成违法犯罪的学生，根据《刑法》、《治安管理处罚法》、《预防未成年人犯罪法》等法律法规予以处置，区别不同情况，责令家长或者监护人严加管教，必要时可由政府收容教养，或者给予相应的行政、刑事处罚，特别是对犯罪性质和情节恶劣、手段残忍、后果严重的，必须坚决依法惩处。对校外成年人教唆、胁迫、诱骗、利用在校中小学生违法犯罪行为，必须依法从重惩处，有效遏制学生欺凌和暴力等案事件发生。各级公安、检察、审判机关要依法办理学生欺凌和暴力犯罪案件，做好相关侦查、审查逮捕、审查起诉、诉讼监督、审判和犯罪预防工作。

7. 实施科学有效的追踪辅导。欺凌和暴力事件妥善处置后，学校要持续对当事学生追踪观察和辅导教育。对实施欺凌和暴力的学生，要充分了解其行为动机和深层原因，有针对性地进行教育引导和帮扶，给予其改过机会，避免歧视性对待。对遭受欺凌和暴力的学生及其家人提供帮助，及时开展相应的心理辅导和家庭支持，帮助他们尽快走出心理阴影，树立自信，恢复正常学习生活。对确实难以回归本校本班学习的当事学生，教育部门和学校要妥善做好班级调整和转学工作。要认真做好学生欺凌和暴力典型事件通报工作，既要充分发挥警示教育作用，又要注意不过分渲染事件细节。

三、切实形成防治学生欺凌和暴力的工作合力

8. 加强部门统筹协调。各地要把防治学生欺凌和暴力工作作为全面依法治国，建设社会主义和谐社会的重要任务。教育、综治、人民法院、人民检察院、公安、民政、司法、共青团、妇联等部门组织，应成立防治学生欺凌和暴力工作领导小组，明确任务分工，强化工作职责，完善防治办法，加强考核检查，健全工作机制，形成政府统一领导、相关部门齐抓共管、学校家庭社会三位一体的工作合力。

9. 依法落实家长监护责任。管教孩子是家长的法定监护职责。引导广大家长要增强法治意识，掌握科学的家庭教育理念，尽量多安排时间与孩子相处交流，及时了解孩子的日常表现和思想状况，积极与学校沟通情况，自觉发挥榜样作用，切实加强对孩子的管教，特别要做好孩子离校后的监管看护教育工作，避免放任不管、缺教少护、教而不当。要落实监护人责任追究制度，根据《民法》等相关法律法规，未成年学生对他人的人身和财产造成损害的，依法追究其监护人的法律责任。

10. 加强平安文明校园建设。中小学校要把防治学生欺凌和暴力作为加强平安文明校园建设的重要内容。学校党组织要充分发挥政治核心作用，加强组织协调和教育引导。校长是学校防治学生欺凌和暴力的第一责任人，分管法治教育副校长和班主任是直接责任人，要充分调动全体教职工的积极性，明确相关岗位职责，将学校防治学生欺凌和暴力的各项工作落实到每个管理环节、每位教职工。要努力创造温馨和谐、积极向上的校园环境，重视校园绿化、美化和人文环境建设。加强优良校风、教风、学风建设，开展内容健康、格调高雅、丰富多彩的校园活动，形成团结向上、互助友爱、文明和谐的校园氛围，激励学生爱学校、爱老师、爱同

学，提高校园整体文明程度。要健全各项管理制度、校规校纪，落实《义务教育学校管理标准》，提高学校治理水平，推进依法依规治校，建设无欺凌和暴力的平安文明校园。

11. 全社会共同保护未成年学生健康成长。要建立学校、家庭、社区（村）、公安、司法、媒体等各方面沟通协作机制，畅通信息共享渠道，进一步加强对学生保护工作的正面宣传引导，防止媒体过度渲染报道事件细节，避免学生欺凌和暴力通过网络新媒体扩散演变为网络欺凌，消除暴力文化通过不良出版物、影视节目、网络游戏侵蚀、影响学生的心理和行为，引发连锁性事件。要依托各地 12355 青少年服务台，开设自护教育热线，组织专业社会工作者、公益律师、志愿者开展有针对性的自护教育、心理辅导和法律咨询。坚持标本兼治、常态长效，净化社会环境，强化学校周边综合治理，切实为保护未成年人平安健康成长提供良好社会环境。

教育部　中央综治办　最高人民法院
最高人民检察院　公安部　民政部
司法部　共青团中央　全国妇联
2016 年 11 月 1 日

附录二：中小学教育惩戒规则（试行）

（中华人民共和国教育部令第49号）

《中小学教育惩戒规则（试行）》已经2020年9月23日教育部第3次部务会议审议通过，现予公布，自2021年3月1日起施行。

第一条 为落实立德树人根本任务，保障和规范学校、教师依法履行教育教学和管理职责，保护学生合法权益，促进学生健康成长、全面发展，根据教育法、教师法、未成年人保护法、预防未成年人犯罪法等法律法规和国家有关规定，制定本规则。

第二条 普通中小学校、中等职业学校（以下称学校）及其教师在教育教学和管理过程中对学生实施教育惩戒，适用本规则。

本规则所称教育惩戒，是指学校、教师基于教育目的，对违规违纪学生进行管理、训导或者以规定方式予以矫治，促使学生引以为戒、认识和改正错误的教育行为。

第三条 学校、教师应当遵循教育规律，依法履行职责，通过积极管教和教育惩戒的实施，及时纠正学生错误言行，培养学生的规则意识、责任意识。

教育行政部门应当支持、指导、监督学校及其教师依法依规实施教育惩戒。

第四条 实施教育惩戒应当符合教育规律，注重育人效果；遵循法治原则，做到客观公正；选择适当措施，与学生过错程度相适应。

第五条 学校应当结合本校学生特点，依法制定、完善校规校纪，明确学生行为规范，健全实施教育惩戒的具体情形和规则。

学校制定校规校纪，应当广泛征求教职工、学生和学生父母或者其他监护人（以下称家长）的意见；有条件的，可以组织有学生、家长及有关方面代表参加的听证。校规校纪应当提交家长委员会、教职工代表大会讨论，经校长办公会议审议通过后施行，并报主管教育部门备案。

教师可以组织学生、家长以民主讨论形式共同制定班规或者班级公约，报学校备案后施行。

第六条 学校应当利用入学教育、班会以及其他适当方式，向学生和家长宣传讲解校规校纪。未经公布的校规校纪不得施行。

学校可以根据情况建立校规校纪执行委员会等组织机构，吸收教师、学生及家长、社会有关方面代表参加，负责确定可适用的教育惩戒措施，监督教育惩戒的实施，开展相关宣传教育等。

第七条 学生有下列情形之一，学校及其教师应当予以制止并进行批评教育，确有必要的，可以实施教育惩戒：

（一）故意不完成教学任务要求或者不服从教育、管理的；

（二）扰乱课堂秩序、学校教育教学秩序的；

（三）吸烟、饮酒，或者言行失范违反学生守则的；

（四）实施有害自己或者他人身心健康的危险行为的；

（五）打骂同学、老师，欺凌同学或者侵害他人合法权益的；

（六）其他违反校规校纪的行为。

学生实施属于预防未成年人犯罪法规定的不良行为或者严重不良行为的，学校、教师应当予以制止并实施教育惩戒，加强管教；构成违法犯罪的，依法移送公安机关处理。

第八条 教师在课堂教学、日常管理中，对违规违纪情节较为轻微的学生，可以当场实施以下教育惩戒：

（一）点名批评；

（二）责令赔礼道歉、做口头或者书面检讨；

（三）适当增加额外的教学或者班级公益服务任务；

（四）一节课堂教学时间内的教室内站立；

（五）课后教导；

（六）学校校规校纪或者班规、班级公约规定的其他适当措施。

教师对学生实施前款措施后，可以以适当方式告知学生家长。

第九条 学生违反校规校纪，情节较重或者经当场教育惩戒拒不改正的，学校可以实施以下教育惩戒，并应当及时告知家长：

（一）由学校德育工作负责人予以训导；

（二）承担校内公益服务任务；

（三）安排接受专门的校规校纪、行为规则教育；

（四）暂停或者限制学生参加游览、校外集体活动以及其他外出集体活动；

（五）学校校规校纪规定的其他适当措施。

第十条 小学高年级、初中和高中阶段的学生违规违纪情节严重或者影响恶劣的，学校可以实施以下教育惩戒，并应当事先告知家长：

（一）给予不超过一周的停课或者停学，要求家长在家进行教育、管教；

（二）由法治副校长或者法治辅导员予以训诫；

（三）安排专门的课程或者教育场所，由社会工作者或者其他专业人员进行心理辅导、行为干预。

对违规违纪情节严重，或者经多次教育惩戒仍不改正的学生，学校可以给予警告、严重警告、记过或者留校察看的纪律处分。对高中阶段学生，还可以给予开除学籍的纪律处分。

对有严重不良行为的学生，学校可以按照法定程序，配合家长、有关部门将其转入专门学校教育矫治。

第十一条 学生扰乱课堂或者教育教学秩序，影响他人或者可能对自己及他人造成伤害的，教师可以采取必要措施，将学生带离教室或者教学现场，并予以教育管理。

教师、学校发现学生携带、使用违规物品或者行为具有危险性的，应当采取必要措施予以制止；发现学生藏匿违法、危险物品的，应当责令学生交出并可以对可能藏匿物品的课桌、储物柜等进行检查。

教师、学校对学生的违规物品可以予以暂扣并妥善保管，在适当时候交还学生家长；属于违法、危险物品的，应当及时报告公安机关、应急管理部门等有关部门依法处理。

第十二条 教师在教育教学管理、实施教育惩戒过程中，不得有下列行为：

（一）以击打、刺扎等方式直接造成身体痛苦的体罚；

（二）超过正常限度的罚站、反复抄写，强制做不适的动作或者姿势，以及刻意孤立等间接伤害身体、心理的变相体罚；

（三）辱骂或者以歧视性、侮辱性的言行侵犯学生人格尊严；

（四）因个人或者少数人违规违纪行为而惩罚全体学生；

（五）因学业成绩而教育惩戒学生；

（六）因个人情绪、好恶实施或者选择性实施教育惩戒；

（七）指派学生对其他学生实施教育惩戒；

（八）其他侵害学生权利的。

第十三条 教师对学生实施教育惩戒后，应当注重与学生的沟通和帮扶，对改正错误的学生及时予以表扬、鼓励。

学校可以根据实际和需要，建立学生教育保护辅导工作机制，由学校分管负责人、德育工作机构负责人、教师以及法治副校长（辅导员）、法律以及心理、社会工作等方面的专业人员组成辅导小组，对有需要的学生进行专门的心理辅导、行为矫治。

第十四条 学校拟对学生实施本规则第十条所列教育惩戒和纪律处分的，应当听取学生的陈述和申辩。学生或者家长申请听证的，学校应当组织听证。

学生受到教育惩戒或者纪律处分后，能够诚恳认错、积极改正的，可以提前解除教育惩戒或者纪律处分。

第十五条 学校应当支持、监督教师正当履行职务。教师因实施教育惩戒与学生及其家长发生纠纷，学校应当及时进行处理，教师无过错的，不得因教师实施教育惩戒而给予其处分或者其他不利处理。

教师违反本规则第十二条，情节轻微的，学校应当予以批评教育；情节严重的，应当暂停履行职责或者依法依规给予处分；给学生身心造成伤害，构成违法犯罪的，由公安机关依法处理。

第十六条 学校、教师应当重视家校协作，积极与家长沟通，使家长理解、支持和配合实施教育惩戒，形成合力。家长应当履行对子女的教育职责，尊重教师的教育权利，配合教师、学校对违规违纪学生进行管教。

家长对教师实施的教育惩戒有异议或者认为教师行为违反本规则第十二条规定的，可以向学校或者主管教育行政部门投诉、举报。学校、教育行政部门应当按照师德师风建设管理的有关要求，及时予以调查、处理。家长威胁、侮辱、伤害教师的，学校、教育行政部门应当依法保护教师人身安全、维护教师合法权益；情形严重的，应当及时向公安机关报告并配合公安机关、司法机关追究责任。

第十七条 学生及其家长对学校依据本规则第十条实施的教育惩戒或者给予的纪律处分不服的，可以在教育惩戒或者纪律处分作出后 15 个工作日内向学校提起申诉。

学校应当成立由学校相关负责人、教师、学生以及家长、法治副校长等校外有关方面代表组成的学生申诉委员会，受理申诉申请，组织复查。学校应当明确学生申诉委员会的人员构成、受理范围及处理程序等并向学生及家长公布。

学生申诉委员会应当对学生申诉的事实、理由等进行全面审查，作出维持、变更或者撤销原教育惩戒或者纪律处分的决定。

第十八条 学生或者家长对学生申诉处理决定不服的，可以向学校主管教育部门申请复核；对复核决定不服的，可以依法提起行政复议或者行政诉讼。

第十九条 学校应当有针对性地加强对教师的培训，促进教师更新教育理念、改进教育方式方法，提高教师正确履行职责的意识与能力。

每学期末，学校应当将学生受到本规则第十条所列教育惩戒和纪律处分的信息报主管教育行政部门备案。

第二十条 本规则自 2021 年 3 月 1 日起施行。

各地可以结合本地实际，制定本地方实施细则或者指导学校制定实施细则。

附录三：教育部等十一部门关于印发《加强中小学生欺凌综合治理方案》的通知

（教督〔2017〕10号）

加强中小学生欺凌综合治理是中小学校安全工作的重点和难点，事关亿万中小学生的身心健康和全面发展，事关千家万户的幸福和社会和谐稳定，事关中华民族的未来和伟大复兴。为深入贯彻党的十九大精神，有效防治中小学生欺凌，依据相关法律法规，制定本方案。

一、指导思想

以习近平新时代中国特色社会主义思想为指导，全面贯彻党的教育方针，落实立德树人根本任务，大力培育和弘扬社会主义核心价值观，不断提高中小学生思想道德素质，健全预防、处置学生欺凌的工作体制和规章制度，以形成防治中小学生欺凌长效机制为目标，以促进部门协作、上下联动、形成合力为保障，确保中小学生欺凌防治工作落到实处，把校园建设成最安全、最阳光的地方，办好人民满意的教育，为培养德智体美全面发展的社会主义建设者和接班人创造良好条件。

二、基本原则

（一）坚持教育为先。深入开展中小学生思想道德教育、法治教育、心理健康教育，促进提高人民群众的思想觉悟、道德水准、文明素养，提高全社会文明程度，特别要加强防治学生欺凌专题教育，培养校长、教师、学生及家长等不同群体积极预防和自觉反对学生欺凌的意识。

（二）坚持预防为主。完善有关规章制度，及时排查可能导致学生欺凌事件发生的苗头隐患，强化学校及周边日常安全管理，加强欺凌事件易发现场监管，完善学生寻求帮助的维权渠道。

（三）坚持保护为要。切实保障学生的合法权益，严格保护学生隐私，尊重学生的人格尊严。切实保护被欺凌学生的身心健康，防止二次伤害发生，帮助被欺凌学生尽早恢复正常的学习生活。

（四）坚持法治为基。按照全面依法治国的要求，依法依规处置学生欺凌事件，按照“宽容不纵容、关爱又严管”的原则，对实施欺凌的学生予以必要的处置及惩戒，及时纠正不当行为。

三、治理内容及措施

（一）明确学生欺凌的界定

中小学生欺凌是发生在校园（包括中小学校和中等职业学校）内外、学生之间，一方（个体或群体）单次或多次蓄意或恶意通过肢体、语言及网络等手段实施欺负、侮辱，造成另一方（个体或群体）身体伤害、财产损失或精神损害等的事件。

在实际工作中，要严格区分学生欺凌与学生间打闹嬉戏的界定，正确合理处理。

（二）建立健全防治学生欺凌工作协调机制

各地要组织协调有关部门、群团组织，建立健全防治学生欺凌工作协调机制，统筹推进学生欺凌治理工作，妥善处理学生欺凌重大事件，正确引导媒体和网络舆情。教育行政（主管）部门和学校要重点抓好校园内欺凌事件的预防和处置；各部门要加强协作，综合治理，做好校园外欺凌事件的预防和处置。

（三）积极有效预防

1. 指导学校切实加强教育。中小学校要通过每学期开学时集中开展教育、学期中在道德与法治等课程中专门设置教学模块等方式，定期对中小学生进行学生欺凌防治专题教育。学校共青团、少先队组织要配合学校开展好法治宣传教育、安全自护教育。

2. 组织开展家长培训。通过组织学校或社区定期开展专题培训课等方式，加强家长培训，引导广大家长增强法治意识，落实监护责任，帮助家长了解防治学生欺凌知识。

3. 严格学校日常管理。学校根据实际成立由校长负责，教师、少先队大中队辅导员、教职工、社区工作者和家长代表、校外专家等人员组成的学生欺凌治理委员会（高中阶段学校还应吸纳学生代表）。加快推进将校园视频监控系统、紧急报警装置等接入公安机关、教育部门监控和报警平台，逐步建立校园安全网上巡查机制。学校要制定防治学生欺凌工作各项规章制度的工作要求，主要包括：相关岗位教职工防治学生欺凌的职责、学生欺凌事件应急处置预案、学生欺凌的早期预警和事中处理及事后干预的具体流程、校规校纪中对实施欺凌学生的处罚规定等。

4. 定期开展排查。教育行政部门要通过委托专业第三方机构或组织学校开展等方式，定期开展针对全体学生的防治学生欺凌专项调查，及时查找可能发生欺凌事件的苗头迹象或已经发生、正在发生的欺凌事件。

（四）依法依规处置

1. 严格规范调查处理。学生欺凌事件的处置以学校为主。教职工发现、学生或者家长向学校举报的，应当按照学校的学生欺凌事件应急处置预案和处理流程对事件及时进行调查处理，由学校学生欺凌治理委员会对事件是否属于学生欺凌行为进行认定。原则上学校应在启动调查处理程序10日内完成调查，根据有关规定处置。

2. 妥善处理申诉请求。各地教育行政部门要明确具体负责防治学生欺凌工作的处（科）室并向社会公布。县级防治学生欺凌工作部门负责处理学生欺凌事件的申诉请求。学校学生欺凌治理委员会处理程序妥当、事件比较清晰的，应以学校学生欺凌治理委员会的处理结果为准；确需复查的，由县级防治学生欺凌工作部门组织学校代表、家长代表和校外专家等组成调查小组启动复查。复查工作应在15日内完成，对事件是否属于学生欺凌进行认定，提出处置意见并通知学校和家长、学生。

县级防治学生欺凌工作部门接受申诉请求并启动复查程序的，应在复查工作结束后，及时将有关情况报上级防治学生欺凌工作部门备案。涉法涉诉案件等不宜由防治学生欺凌工作部门受理的，应明确告知当事人，引导其及时纳入相应法律程序办理。

3. 强化教育惩戒作用。对经调查认定实施欺凌的学生，学校学生欺凌治理委员会要根据实际情况，制定一定学时的专门教育方案并监督实施欺凌学生按要求接受教育，同时针对欺凌事件的不同情形予以相应惩戒。

情节轻微的一般欺凌事件，由学校对实施欺凌学生开展批评、教育。实施欺凌学生应向被欺凌学生当面或书面道歉，取得谅解。对于反复发生的一般欺凌事件，学校在对实施欺凌学生开展批评、教育的同时，可视具体情节和危害程度给予纪律处分。

情节比较恶劣、对被欺凌学生身体和心理造成明显伤害的严重欺凌事件，学校对实施欺凌学生开展批评、教育的同时，可邀请公安机关参与警示教育或对实施欺凌学生予以训诫，公安机关根据学校邀请及时安排人员，保证警示教育工作有效开展。学校可视具体情节和危害程度给予实施欺凌学生纪律处分，将其表现记入学生综合素质评价。

屡教不改或者情节恶劣的严重欺凌事件，必要时可将实施欺凌学生转送专门（工读）学校进行教育。未成年人送专门（工读）学校进行矫治和接受教育，应当按照《中华人民共和国预防未成年人犯罪法》有关规定，对构成有严重不良行为的，按专门（工读）学校招生入学程序报有关部门批准。

涉及违反治安管理或者涉嫌犯罪的学生欺凌事件，处置以公安机关、人民法院、人民检察院为主。教育行政部门和学校要及时联络公安机关依法处置。各级公安、人民法院、人民检察院依法办理学生欺凌犯罪案件，做好相关侦查、审查逮捕、审查起诉、诉讼监督和审判等工作。对有违法犯罪行为的学生，要区别不同情况，责令其父母或者其他监护人严加管教。对依法应承担行政、刑事责任的，要做好个别矫治和分类教育，依法利用拘留所、看守所、未成年犯管教所、社区矫正机构等场所开展必要的教育矫治；对依法不予行政、刑事处罚的学生，学校要给予纪律处分，非义务教育阶段学校可视具体情节和危害程度给予留校察看、勒令退学、开除等处分，必要时可按照有关规定将其送专门（工读）学校。对校外成年人采取教唆、胁迫、诱骗等方式利用在校学生实施欺凌进行违法犯罪行为的，要根据《中华人民共和国刑法》及有关法律规定，对教唆未成年人犯罪的依法从重处罚。

（五）建立长效机制

各地各有关部门要加强制度建设，积极探索创新，逐步建立具有长效性、稳定性和约束力的防治学生欺凌工作机制。

1. 完善培训机制。明确将防治学生欺凌专题培训纳入教育行政干部和校长、教师在职培训内容。市级、县级教育行政部门分管负责同志和具体工作人员每年应当接受必要的学生欺凌预防与处置专题面授培训。中小学校长、学校行政管理人员、班主任和教师等培训中应当增加学生欺凌预防与处置专题面授的内容。培训纳入相关人员继续教育学分。

2. 建立考评机制。将本区域学生欺凌综合治理工作情况作为考评内容，纳入文明校园创建标准，纳入相关部门负责同志年度考评，纳入校长学期和学年考评，纳入学校行政管理人员、教师、班主任及相关岗位教职工学期和学年考评。

3. 建立问责处理机制。把防治学生欺凌工作专项督导结果作为评价政府教育工作成效的重要内容。对职责落实不到位、学生欺凌问题突出的地区和单位通过通报、约谈、挂牌督办、实施一票否决权制等方式进行综治领导责任追究。学生欺凌事件中存在失职渎职行为，因违纪违法应当承担责任的，给予党纪政纪处分；构成犯罪的，依法追究刑事责任。

4. 健全依法治理机制。建立健全中小学校法制副校长或法制辅导员制度，明确法制副校长或法制辅导员防治学生欺凌的具体职责和工作流程，把防治学生欺凌作为依法治校工作的重要内容，积极主动开展以防治学生欺凌为主题的法治教育，推进学校在规章制度中补充完善防治学生欺凌内容，落实各项预防和处置学生欺凌措施，配合有关部门妥善处理学生欺凌事件及对实施欺凌学生进行教育。

四、职责分工

（一）教育行政部门负责对学生欺凌治理进行组织、指导、协调和监督，牵头做好专门（工读）学校的建设工作，是学生欺凌综合治理的牵头单位。

（二）综治部门负责推动将学生欺凌专项治理纳入社会治安综合治理工作，强化学校周边综合治理，落实社会治安综合治理领导责任制。

（三）人民法院负责依法妥善审理学生欺凌相关案件，通过庭审厘清学生欺凌案件的民事责任，促进矛盾化解工作；以开展模拟法庭等形式配合学校做好法治宣传工作。

（四）人民检察院负责依法对学生欺凌案件进行审查逮捕、审查起诉，开展法律监督，并以案释法，积极参与学校法治宣传教育。

（五）公安机关负责依法办理学生欺凌违反治安管理和涉嫌犯罪案件，依法处理实施学生欺凌侵害学生权益和身心健康的相关违法犯罪嫌疑人，强化警校联动，指导监督学校全面排查整治校园安全隐患，协助学校开展法治教育，做好法治宣传工作。

（六）民政部门负责引导社会力量加强对被欺凌学生及其家庭的帮扶救助，协助教育部门组织社会工作者等专业人员为中小学校提供专业辅导，配合有关部门鼓励社会组织参与学生欺凌防治和帮扶工作。

（七）司法行政部门负责落实未成年人司法保护制度，建立未成年人司法支持体系，指导协调开展以未成年人相关法律法规为重点的法治宣传教育，做好未成年人法律援助和法律服务工作，有效保护未成年人的合法权益。

（八）人力资源社会保障部门负责指导技工学校做好学生欺凌事件的预防和处置工作。

（九）共青团组织负责切实履行综治委预防青少年违法犯罪专项组组长单位职责，配合教育行政部门并协调推动相关部门，建立预防遏制学生欺凌工作协调机制，积极参与学生欺凌防治工作。

（十）妇联组织负责配合有关部门开展预防学生欺凌相关知识的宣传教育，引导家长正确履行监护职责。

（十一）残联组织负责积极维护残疾儿童、少年合法权益，配合有关部门做好残疾学生权益保护相关法律法规的宣传教育，切实加强残疾学生遭受欺凌的风险防控，协助提供有关法律服务。

（十二）学校负责具体实施和落实学生欺凌防治工作，扎实开展相关教育，制定完善预防和处置学生欺凌的各项措施、预案、制度规范和处置流程，及时妥善处理学生欺凌事件。指导、教育家长依法落实法定监护职责，增强法治意识，科学实施家庭教育，切实加强对孩子的看护和管教工作。

五、工作要求

（一）深入细致部署。各地各有关部门要按照属地管理、分级负责的原则，加强学生欺凌综合治理。根据治理内容、措施及分工要求，明确负责人和具体联系人，结合本地区、本部门实际制订具体实施方案，落实工作责任。请于 2017 年 12 月 31 日前将省级防治学生欺凌工作负责人和联系人名单、2018 年 1 月 31 日前将实施方案分别报送国务院教育督导委员会办公室。

（二）加强督导检查。省、市级教育督导部门要联合其他有关部门，定期对行政区域内防治学生欺凌工作情况进行督导检查。县级教育督导部门要对县域内学校按要求开展欺凌防治教育活动、制定应急预案和处置流程等办法措施、在校规校纪中完善防治学生欺凌内容、开展培训、及时处置学生欺凌事件等重点工作开展情况进行专项督导检查。

国务院教育督导委员会办公室适时组织联合督查组对全国防治学生欺凌工作进行专项督导，督导结果向社会公开。

（三）及时全面总结。认真及时做好防治学生欺凌工作总结，一方面围绕取得的成绩和经验，认真总结防治学生欺凌工作中带有启示性、经验性的做法；另一方面围绕面临的困难和不足，认真查找防治学生欺凌工作与社会、家长和学生需求的差距、不足和薄弱环节，查找问题真正的根源，汲取教训，研究改进，推动防治学生欺凌工作进一步取得实效。

（四）强化宣传引导。结合普法工作，开展法治宣传进校园活动，加强对防治学生欺凌工作的正面宣传引导，推广防治学生欺凌的先进典型、先进经验，普及防治学生欺凌知识和方法。对已发生的学生欺凌事件要及时回应社会关切，充分满足群众信息需求。教育行政部门要联系当地主要新闻媒体共同发布反学生欺凌绿色报道倡议书，营造反学生欺凌报道宣传的良好氛围。

附录四：湖南警察学院学子开展中小学安全教育进校园活动实例

1. 青春三下乡丨战术实践队赴湖南师大思沁中学进行反暴力知识宣讲活动

警院青年　2024 年 7 月 4 日　23：10

学习新思想 争做新青年

为切实加强校园安全教育，提高广大中小学生法治意识、安全防范意识和自我防护能力，6 月 26 日上午，警务指挥与战术系学生大队战术实践队走进湖南师大思沁中学，开展了以“携手同行，善爱无疆”为主题的暑期“三下乡”活动。

活动伊始，战术实践队警务技能表演队在湖南师大思沁中学报告厅为全体师生带来了一场精彩的警务枪战法以及摔法表演。在指挥员的号令

下，表演队队员一字排开，卧倒、滑跪、锁喉摔、抱腿顶摔，他们整齐划一、目光坚定，展现出了警院学子的警务实战卓越风采以及极强的团队协作能力，将现场气氛推入高潮。

随后，战术实践队利用大课间，在学校报告厅内开展“校园暴力”防范宣讲。战术实践队宣讲人以风趣小视频引入主题，结合身边的常见案例，为同学们普及了校园暴力、校园霸凌的危害与预防措施，同时号召同学们不做霸道的暴力者、冷漠的旁观者、沉默的被害者，对一切暴力、霸

凌行为坚决说“不”。宣讲团教育同学们要树立正确的是非观、人生观、价值观，树牢法治意识和安全底线思维，敢于拿起法律武器捍卫自身合法权益，免遭不法侵害，共同建立一个和睦团结的校园。

最后，战术实践队的成员们在校园内设立了宣传小摊点，他们热情地向围观学生发放“反暴力”宣传手册，并耐心地向同学们讲解反对校园暴力的重要性，普及校园暴力防范、应对的相关法律知识。现场还穿插了有奖竞答环节，以答题的方式，进一步加深了在场的同学们对反校园暴力相关法律知识的理解与记忆。

拒绝校园霸凌，守护青春净土。战术实践队通过多元且极具创意的方式，深入浅出地向湖南师大思沁中学的同学们讲解了校园霸凌的危害。通过此次活动，思沁中学的同学们深刻认识到了校园暴力和校园霸凌的危害性，增强了其文明守纪意识，提高了其抵制和防范校园暴力的能力，为营造一个和谐、安全的校园环境打下了坚实的基础。

下一步，战术实践队将以“青春三下乡”活动为契机，持续深入推进“反暴力”主题普法宣传活动，让中小学生树立法治观念，养成自觉守法、遇事找法、解决问题靠法的思维习惯和行为方式，将法治理念根植于未成年人心中！

2. 发挥青年力量丨湖南警察学院战术实践队在娄底中小学进行宣讲

中国网　2023 年 7 月 3 日　16：57

青少年是祖国的花朵，是祖国未来的建设者和栋梁。校园安全工作，直接关系到学生儿童的健康成长，关系到千千万万个家庭的幸福安宁和社会稳定。为进一步提高广大中小学生法治意识、安全防范意识和自我防护能力，6 月 27 日至 28 日，湖南警察学院警务指挥与战术系学生大队战术实践队在娄底市第二中学、娄底市第五小学开展以“多一份呵护关爱，增一缕校园清风”为主题的宣讲活动。

第一站：娄底市第二中学。宣讲开始前，战术实践队学警万诺宏介绍了整个团队。战术实践队是一支以“反暴力”为核心主题的宣讲团队，通过深入社区和乡镇学校等地进行安全知识教育，加强未成年人的安全防范意识。

随后，战术实践队学警宋子盟在报告厅为学生开展了《反对校园暴力》主题讲座，他以一个简短的视频引入主题，集中了同学们的注意力，深入浅出地讲解了校园暴力的主要行为、危害、诱发原因以及如何防范，并站在不同的角度强调了校园暴力的严重性和危害性。在知识问答环节，同学们踊跃参与，积极互动，进一步加深了学生们对于预防校园暴力的理解和重视。

第二站：娄底市第五小学。学警们通过精彩的擒敌拳表演展开活动，并选取部分同学学习防身术，增强了学生们的防范意识，提高了同学们的自我保护能力。随后，开展了以“多一分呵护关爱，增一缕校园清风”为主题的宣讲活动。宣讲人引入动画视频，激发同学们的兴趣，着重对暑期预防溺水进行讲解，在活动过程中，宣讲人以知识抢答的方式引发同学们的自主思考，并表达了自己的深刻思考和真诚感悟。

成长是摘抄本上一首首小诗，或欢快或哀怨，开心时高声吟唱，低落时黯然泪流。守护学生儿童安全健康成长，既关乎每个家庭的幸福，也关乎中华民族千秋伟业。宣传预防校园暴力和溺水事故等安全知识，增强了青少年的防范意识、防范观念及自我保护能力，提高了警校生的服务能力和责任意识，将警校“忠真智勇”的精神融入实践中，守护学生儿童在更安全的环境下健康成长。

3. 湖南警察学院开展普法宣讲“三下乡”活动

新湖南客户端　2023 年 7 月 3 日　17：35：45

为提高青少年防范社会各类暴力意识，进一步引导群众学法、懂法、守法以及运用法律武器维护自身权益，提升学警们的实践能力，日前，湖南警察学院警务指挥与战术系学生大队战术实践队开展了“拒绝暴力，与善同行”“三下乡”系列活动，先后走进长沙市望城区一中、望城区月亮岛七峰社区等，为学生和群众献上了别开生面的安全宣讲知识大餐。

在望城区一中开展的校园普法宣传活动上，战术实践队成员为全体师生带来了一场精彩绝伦的枪操表演。随着烟幕弹被拉开，战术实践队成员呈一字排开，卧倒、滑跪、人桥……一套动作行云流水，展现了警院学子风采，让师生们近距离感受到了警院警营文化特色。

战术实践队学警们利用早自习时间走进班级宣讲，从以校园霸凌为主题的影视作品入手，结合发生在同学们身边的常见典型案例，有针对性地开展反校园暴力法制宣传。同时在校园内设置了相关摊点，发放反暴力宣传手册，并开展了反暴力知识问答活动，让学生们在活动中切实学习到与反暴力相关的法律知识。学生们纷纷表示，通过此次活动，他们掌握了很多反暴力方面的法律知识，加深了对校园霸凌的认识，他们将牢记这些知识，做文明青年，在实践中践行社会主义核心价值观。

在月亮岛七峰社区，战术实践队开展了以“家暴零容忍，平安齐守护”为主题的“三下乡”活动。社区活动中心门口设立了小型宣传摊点，为前来的群众发放反暴力宣传手册，并向群众生动形象地讲解相关法律知识，给群众上了一节生动的普法课。

随后，战术实践队学警为社区群众开展了反家暴主题讲座，以一个简短的视频引入讲座主题，结合具体案例与相关法律，以理论和实际相结合的形式，站在执法者的角度强调了家暴的严重性和社会危害性。会后，社区群众纷纷在“家暴零容忍，平安齐守护”横幅上签名，并表示，通过此次宣讲活动，使他们对于家暴的理解更加深入，他们将主动传播反家暴知识，争做知法守法普法的好公民。

据了解，湖南警察学院警务指挥与战术系学生大队战术实践队自 2022 年成立以来，扎根于“反暴力”主题，多次前往长沙、衡阳、郴州等地开展普法宣讲、战术表演等特色类“三下乡”活动，受众广泛、形式丰富、反响强烈，多次获得优秀三下乡团队等集体荣誉。2023 年，战术实践队的“三下乡”活动依托警务指挥与战术系专业特色，聚焦社会热点话题，联合当地政府机关、公安机关，协同合作，深入校园、街道、乡村，利用枪操、无人机、情景剧展现、普法宣讲等多样形式传递出反暴力的活动初心，为社会治安贡献了一份警院力量。

4. 城乡教育丨湖南警察学院：教孩子们遇到侵害时如何快速逃脱

衡阳学习平台　2022 年 7 月 4 日

“你们知道什么是校园暴力吗?”“如果遇到校园暴力，应该怎么办?”近日，湖南警察学院警务指挥与战术系学生大队战术实践队 19 名学警历经 5 天的走访宣讲，顺利结束了为期 5 天的暑期“三下乡”活动。

此次活动主要面向衡阳青少年，以讲解暴力种类及应对措施、相关案例及法律知识、防身术教学为主要内容，针对衡阳 2 个乡村、7 个乡镇中小学开展走访与宣讲。学警团队在松山中学、星火小学、云集中学、角山镇中学、松木乡中学、三星小学、衡云中学等学校开展了宣讲，并在石鼓区角山镇角山坪、衡南县谭子山镇同福村等地进行了走访调查。宣讲结束后，还向同学们发放了反暴力知识竞答问卷。调查表明，通过宣讲走访，同学们对反暴力相关的法律知识有了深刻认识，对暴力事件防范的意识有了提高。

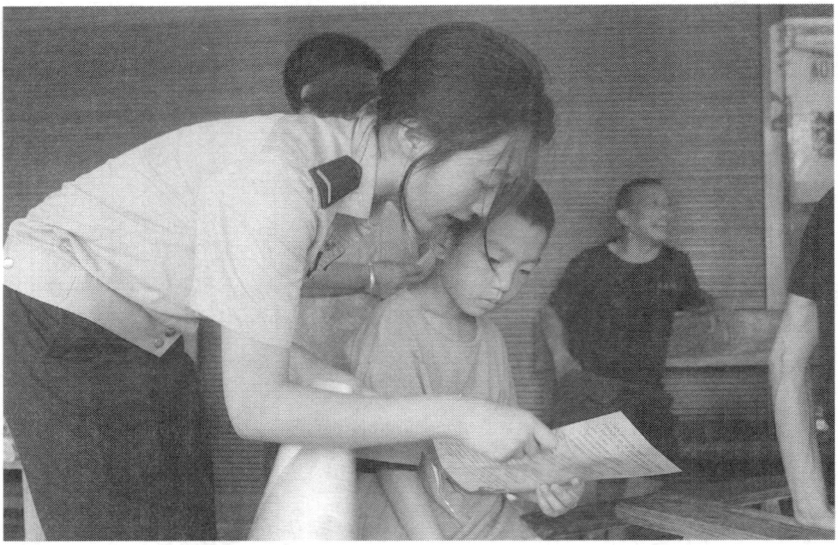

“你们知道什么是校园暴力吗?”“如果遇到校园暴力，应该怎么办?”宣讲人以“反暴力，护法制，促和谐”为主题，生动形象地为同学们讲解了校园暴力及相关的案例，从校园暴力的危害以及如何杜绝暴力入手，解析了面对暴力的应急措施，提高了同学们的法律意识，呼吁同学们用法律武器维护合法权益。活动现场，同学们热情高涨，积极互动，踊跃发言，现场氛围欢乐和谐。

为提高中小学生的自我保护能力，掌握基本防身术技能，学警们通过情景式演示各类突发暴力事件，告诉学生们遇到侵害时如何快速逃脱和呼救，运用所学的防身技巧争取逃跑的机会，还现场演示了抓腕解脱、抓衣领解脱等实用防身术。学生们与教官积极互动，争相上台体验。枪操表演将宣讲活动气氛推向了高潮，后方有敌、转身卧倒、滑跪、人桥、人塔，每个动作都经过反复磨合，学警们以整齐干练的动作、横扫千军的气势向师生们展示了警校生特有的精神面貌。

“青年学子唯有深入实践，才能深切感受社会前进的脉搏。”学警们将所学警务知识技能通过“三下乡”活动传输给广大师生，推动筑牢校园安全防线，同时在深入群众中深刻认识到了反暴力、普法工作的重要性和必要性，反暴力宣讲永远在路上。